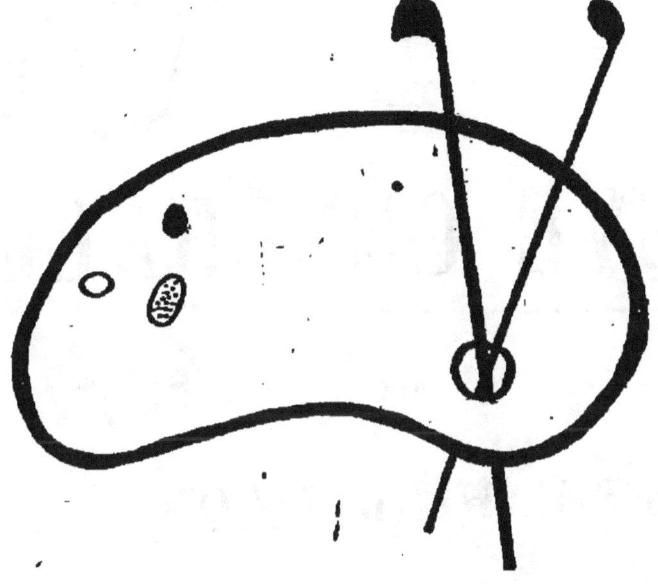

DEBUT D'UNE SERIE DE DOCUMENTS
EN COULEUR

BIBLIOTHÈQUE SOCIALISTE

LA

GRÈVE GÉNÉRALE

PAR

ÉTIENNE BUISSON

PARIS
SOCIÉTÉ NOUVELLE DE LIBRAIRIE ET D'ÉDITION
(LIBRAIRIE GEORGES BELLAIS)
17, RUE CUJAS

1905

BIBLIOTHÈQUE SOCIALISTE

Nº 32. ADRIEN VEBER

LES IMPOTS

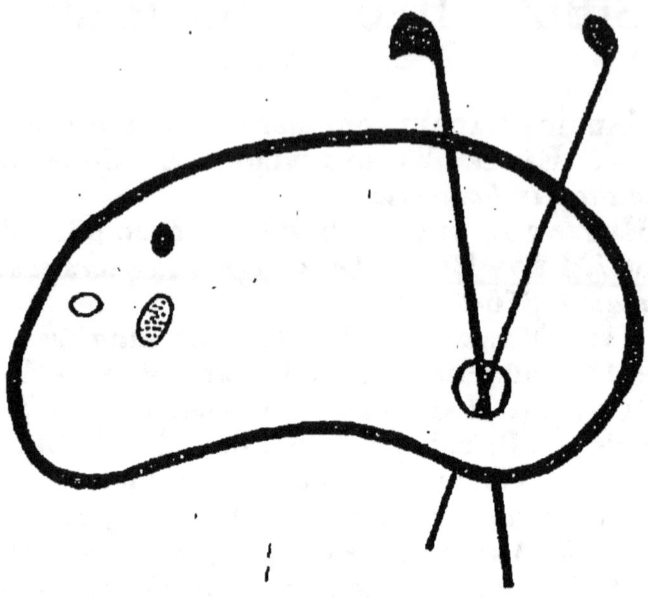

**FIN D'UNE SERIE DE DOCUMENTS
EN COULEUR**

LA GRÈVE GÉNÉRALE

BIBLIOTHÈQUE SOCIALISTE. N° 33.

LA
GRÈVE GÉNÉRALE

PAR

ÉTIENNE BUISSON

PARIS
SOCIÉTÉ NOUVELLE DE LIBRAIRIE ET D'ÉDITION
(LIBRAIRIE GEORGES BELLAIS)
17, RUE CUJAS

—

1905

LA GRÈVE GÉNÉRALE

INTRODUCTION

C'est une pratique dont on retrouve la trace assez loin dans l'histoire des peuples civilisés que celle par laquelle les classes productrices de la société cherchent à exercer une pression sur les pouvoirs publics ou les classes dirigeantes en suspendant momentanément tout travail [1]. La vie sociale, quel qu'en soit le degré de civilisation, dépend de la production économique et des échanges. Si ces deux formes d'activité, ou l'une d'elles seulement, viennent à cesser, il en résulte un malaise social d'autant plus accentué qu'il dure plus longtemps.

La pression que les corporations de l'ancienne France exerçaient localement sur les autorités féodales ou patronales par l'arrêt du travail, le prolétariat moderne voulut à son tour l'exercer contre le patronat, et par extension contre l'État, organisme central de la puissance capitaliste.

1. Cf. Alfred Franklin, « *Comment on devenait patron* », pp. 115 et suivantes. — E. Levasseur, *Histoire des Classes ouvrières*, t. ɪɪ, p. 493.

Mirabeau, dans un curieux pressentiment de l'avenir, s'adressant aux privilégiés de son temps, s'était écrié : « Prenez garde ! N'irritez pas ce peuple qui produit tout et qui, pour être formidable, n'aurait qu'à rester immobile » (citation faite par Jaurès). Il traçait ainsi en une définition lumineuse la théorie de la grève générale.

Ce n'est qu'au xixe siècle, avec le développement et la centralisation de la grande industrie, que l'idée d'une grève généralisée se fit jour, et, détail curieux à noter, la tactique suivie par beaucoup de patrons à l'égard des grèves partielles paraît en avoir été l'une des principales origines.

Le lock-out, c'est-à-dire la fermeture générale de toutes les usines d'une ou de plusieurs industries dans un même district a eu pour effet d'étendre les grèves partielles : répondant à la grève, le lock-out avait pour objet de déterminer dans la classe ouvrière un malaise profond par la généralisation du chômage, et de déprécier ainsi aux yeux des ouvriers l'arme dont ils espéraient tant de bien. Mais cette mise face à face du patronat et du prolétariat fit comprendre à ce dernier l'importance que pourrait avoir pour lui la grève généralisée, le jour où il en serait le maître et où il pourrait s'en servir avec la durée et la précision nécessaires.

A la fermeture généralisée des usines, au chômage forcé, les prolétaires répondraient par l'arrêt généralisé du travail et par le chômage volontaire ; idée simple et lumineuse, facile à saisir dans sa conception théorique.

Elle fut indiquée en mars 1869, par le journal l'*Internationale*, organe de l'*Association in-*

ternationale des travailleurs, en une phrase heureuse qui a conservé sa valeur :

« Lorsque les grèves s'étendent, se communiquent de proche en proche, c'est qu'elles sont bien près de devenir une grève générale ; et une grève générale, avec les idées d'affranchissement qui règnent aujourd'hui, ne peut qu'aboutir à un grand cataclysme qui ferait faire peau neuve à la société. »

Sans entrer ici dans le détail de son développement, disons seulement que l'idée fit depuis trente-cinq ans des progrès considérables. L'Internationale, au début, consacra à sa propagation d'importants efforts. Depuis la disparition de cette association, certains groupes politiques d'une part, certains groupements syndicaux d'autre part l'adoptèrent comme le principal, parfois même l'unique moyen d'émancipation prolétarienne, et trouvèrent en elle un ferment d'agitation particulièrement actif.

Elle est à l'ordre du jour du Parti socialiste ; le Congrès international d'Amsterdam (août 1904) en a recommandé l'examen et la discussion dans tous les pays.

Il est en effet de toute nécessité que l'idée de la grève générale soit profondément examinée par le prolétariat socialiste, car jusqu'à une époque récente elle n'a consisté qu'en une formule brève et inexpliquée, qui avec « la révolution sociale » résumait pour beaucoup de prolétaires l'espérance mystique en un avenir libérateur. La marche rapide des idées et des événements fit comprendre au Parti socialiste combien il lui était nécessaire de définir son attitude à l'égard d'une entreprise aussi grosse de conséquences importantes : la Grève Générale représentait peut être l'action libératrice finale. Il lui fallait d'ailleurs prendre position dans cette discussion qui, s'il y restait étranger, risquait de détourner de lui un grand nombre d'adhérents. La propagande passionnée des antiparlementaires et des syndicats libertaires pouvait, par la simplicité de ses moyens et l'attrait de ses promesses, réunir de nombreux suffrages parmi les ouvriers.

On se mit donc courageusement à l'ouvrage : au Congrès de Lille du Parti socialiste de France (août 1904), au Congrès socialiste international d'Amsterdam (août 1904), au Congrès de Brême de la Sociale-démocratie allemande (nov. 1904), au cours de la campagne électorale en Italie, la question a déjà été longuement agitée. Elle fait l'objet d'études et d'enquêtes nombreuses à l'heure actuelle ; elle figure à l'ordre du jour des prochains congrès socialistes, celui de la Démocratie suisse en particulier.

Disons tout de suite que les échanges de vues des divers partis sur la question n'ont eu jusqu'ici pour résultat que de préciser les diverses conceptions, mais qu'aucune entente générale ne peut être même indiquée pour le moment.

I

QU'EST-CE QUE LA GRÈVE GÉNÉRALE ?
DÉFINITION

La grève générale, dans son acception la plus large, dans son sens étymologique, peut se définir : la cessation de tout travail ouvrier dans toutes les branches de l'activité économique — industrielle, agricole ou commerciale — d'une nation. C'est là sa définition d'origine. Mais les mots gardent rarement un sens unique, surtout en matière politique ou sociale. Et c'est ainsi que l'expression grève générale désigne aujourd'hui, suivant ceux qui l'emploient et les cas auxquels elle s'applique :

a) La cessation de tout travail ouvrier dans tous les pays, ou dans un seul pays ;

b) La cessation de tout travail ouvrier dans une province d'un pays, ou dans une seule localité ;

c) La cessation du travail ouvrier dans une ou plusieurs industries ou commerces, de tous les pays, d'un seul pays, d'une province, ou d'une ville.

L'expression étant à la mode, on l'emploie volontiers dans tous ces divers cas ; et c'est ainsi qu'on a parlé indifféremment, de la grève générale de Hollande, de Belgique ou d'Italie; de la grève générale des mineurs du bassin du Nord; de la grève générale des cochers parisiens, etc. A vrai dire et pour parler exactement, il conviendrait de réserver le mot de grève générale pour la cessation de tout travail ouvrier dans un pays, ou dans tous les pays, ou même dans une province ou dans une ville; et de désigner les grèves de certaines industries ou commerces par les mots de grève généralisée ou de grève corporative générale.

La variété des acceptions de l'expression grève générale a apporté parfois un peu de confusion dans les discussions relatives à ce mode d'action prolétarienne. Les théoriciens politiques parlent plutôt de la grève générale dans son sens d'origine, alors que les théoriciens syndicaux en parlent souvent comme de la grève généralisée corporative, parfois au cours d'une même discussion, dans les deux sens successivement.

Il serait désirable pour la clarté et l'utilité des discussions que l'on s'entende exactement sur le sens des mots, afin d'éviter les erreurs d'interprétation.

La discussion du Parti Socialiste ne doit pas porter indistinctement sur tous les cas de grèves énumérés ci-dessus, car les uns ont un caractère et une portée politiques ou révolutionnaires, tandis que les autres, simples manifestations locales ou régionales en vue de la défense d'intérêts économiques particuliers, ne sont pas du ressort du Parti et dépendent des organisations syndicales. C'est le cas de la plupart des grèves corporatives généralisées.

Cependant, pour certaines industries qui occupent une place importante dans la vie contemporaine, une grève corporative généralisée peut acquérir un caractère politique et même une portée révolutionnaire, dans certaines circonstances. Une grève généralisée des chemins de fer peut avoir comme objet exclusif le relèvement des salaires ou l'amélioration des conditions du travail; mais elle peut aussi avoir en vue de créer des difficultés à l'État. La grève internationale des mineurs, préconisée par des organisations importantes du bassin de la Ruhr, à Essen en particulier, pourrait avoir pour objet une modification de la situation des ouvriers mineurs ou une transformation sociale. Dans ces deux cas d'ailleurs l'arrêt de tout travail, quel qu'en soit le motif, aura une portée générale et ses effets se feront sentir dans tout le corps social.

Ce double caractère économique et politique des grèves généralisées dans les industries centralisées se retrouve plus nettement encore dans la grève générale proprement dite: et c'est ainsi que parmi ses partisans se sont formées deux écoles qui assignent à la grève générale des objets différents. Pour l'une, l'arrêt de tout travail salarié est le seul moyen efficace dont dispose le prolétariat pour agir contre le capital et c'est en lui que doit être placée « la nouvelle espérance » de la classe ouvrière. Pour l'autre, au contraire, « l'idée d'affamer par la grève générale la société bourgeoise est ridicule » ; sa mise en pratique conduirait sûrement à la défaite, tandis que la pression, à la fois économique et morale, que peut exercer sur l'État le brusque arrêt de toute production est une arme que le « parti socialiste doit faire sienne ». « Comprenez bien tout son prix, et notre Parti sera prêt à tout. » — La première de ces conceptions est celle de la grève générale révolutionnaire, préconisée par les anarchistes, et par certains socialistes révolutionnaires, la deuxième est la grève politique, chaudement recommandée par un groupe important de socialistes.

La différence de ces conceptions ne réside que dans l'objet qu'elles fixent à la grève ; mais le moyen employé est le même dans les deux cas : c'est toujours l'arrêt général du travail. Les objections que l'on oppose à la mise en pratique de l'une sont donc également valables au sujet de l'autre.

La grève politique elle-même, toujours dirigée contre l'État, peut avoir, d'après les théoriciens, tantôt le caractère d'une démonstration, tantôt celui d'une pression. Dans le premier cas, la classe ouvrière cesse momentanément tout travail pour manifester son sentiment ; dans le second, pour exercer une pression directe sur l'État. Cette distinction paraît plus formelle que réelle, car une démonstration n'a d'utilité que si elle est suivie d'un résultat, et ce résultat ne peut être obtenu que si l'État y a été contraint par la manifestation populaire. Une démonstration ouvrière sans résultat atténuerait le prestige de la grève générale tant aux yeux de la classe ouvrière qu'à ceux des gouvernants.

II

LA GRÈVE GÉNÉRALE
ET LE MOUVEMENT SYNDICAL

La tendance chaque jour plus accentuée du mouvement corporatif à se séparer et à se différencier du mouvement politique, permet de suivre très distinctement la route parcourue par l'idée de grève générale dans le monde syndical et dans le monde politique. Sans doute sur bien des points un accord absolu existe entre les deux ordres d'idées, mais les motifs et les conséquences des attitudes sont suffisamment distincts en général pour permettre de séparer les deux études.

*
* *

Après la disparition de l'Association internationale des Travailleurs [1], l'idée de grève générale passa pour quelque temps au second plan.

1. L'idée de grève générale fut trop intimement mêlée depuis trente ans au mouvement ouvrier, politique et syndical, pour que nous puissions songer ici à en tracer l'histoire. Les quelques points capitaux que nous signalons dans son évolution nous ont été fournis par Léon Blum : *Les Congrès ouvriers et socialistes français*, nᵒˢ 6 et 7 de la Bibliothèque socialiste ; et par l'étude un peu rapide, mais d'une documentation curieuse, d'Emile Pouget dans le *Mouvement Socialiste*, nᵒ 137.

Reprise par les anarchistes de Chicago en 1886, elle fut propagée par eux au cours d'une ardente campagne en faveur de la journée de huit heures.

Elle fit en France une réapparition sensationnelle au troisième congrès de la Fédération nationale des Syndicats tenu à Bordeaux, puis au Bouscat, près Bordeaux, en 1888. La résolution qui y fut présentée et votée était conçue en termes simples et d'une apparente logique dont l'adoption s'imposait à une assemblée peu entraînée à des discussions de cet ordre. Voici le texte de la résolution :

« Considérant :

« Que la monopolisation des instruments de travail et des capitaux entre les mains patronales donne aux patrons une puissance qui diminue d'autant celle que la grève partielle mettait entre les mains des ouvriers ;

« Que le capital n'est rien s'il n'est mis en mouvement par le travail ;

« Qu'alors, en refusant le travail, les ouvriers anéantiraient d'un seul coup la puissance de leurs maîtres ;

« Considérant :

« Que la grève partielle ne peut être qu'un moyen d'agitation et d'organisation ;

« Le Congrès déclare :

« Que, seule, la grève générale, c'est-à-dire la cessation complète de tout travail ou la Révolution sociale, peut entraîner les travailleurs vers leur émancipation. »

La formule était heureuse et doit être conservée comme type de la profession de foi des partisans de la grève générale. Le congrès du Bouscat l'adopta d'enthousiasme après un rapide échange de vues.

Ce vote qui avait été obtenu d'une assemblée purement corporative, mettait la Fédération des Syndicats en opposition avec les éléments politiques, le Parti ouvrier en particulier. On le vit nettement au congrès du Parti ouvrier tenu à Lille en octobre 1890, lequel repoussa la grève générale comme « exigeant, pour aboutir, un état d'esprit socialiste et d'organisation ouvrière auquel n'est pas arrivé le prolétariat. »

Le 4ᵐᵉ Congrès de la Fédération des syndicats (Calais 1890), tenu quelques jours après, fut influencé par les décisions votées par l'assemblée politique. « Sans renoncer par des considérants explicites ou théoriques à la résolution de Bordeaux, il se contenta pourtant de voter la grève internationale des mineurs. »

Il faut noter ici qu'en cette même année 1890 le congrès international des mineurs, tenu à Jolimont (Belgique) adopta « le principe de la grève générale pour assurer le triomphe de la journée de huit heures ».

L'idée de la grève générale, qui avait en 1890 paru perdre un peu de sa belle force vitale à la suite des congrès de Lille et de Calais, témoigna d'une vigueur nouvelle en 1892; l'attitude du 5ᵉ congrès de la Fédération des Syndicats, à Marseille, montra quelle faveur elle avait acquise dans les milieux corporatifs depuis la dernière assemblée. Malgré la présence et l'intervention des chefs du Parti ouvrier qui demandèrent au congrès comme la « renonciation » de la résolution de Bordeaux, le congrès vota le principe de la grève générale, qui fut éloquemment défendu par un camarade encore peu connu dans le Parti : Aristide Briand.

Le lendemain de la fermeture du Congrès corporatif s'ouvrait le congrès politique, à Marseille également. Désireux d'éviter les scissions, l'assemblée passa la question de la grève sous silence et vota l'ordre du jour pur et simple. Mais ce n'était pas par un vote ambigu que pouvait se trancher une situation si grosse de discussions et de divisions. Ce que le Congrès n'avait pas voulu faire, la force des idées et des passions l'accomplit. Il se trouvait dans le sein du Parti ouvrier, comme parmi les adhérents de la Fédération des Syndicats, des partisans et des adversaires de la nouvelle méthode proposée. Le Parti ouvrier sut conserver son unité grâce aux principes généraux, aux tendances souvent affirmées, à la propagande déjà ancienne qui avaient établi entre ses membres des liens étroits. La Fédération des Syndicats, au contraire, vit une partie de ses membres se séparer d'elle pour adhérer à la Fédération des Bourses et se faire inscrire en même temps au Parti allemaniste, qui avait délibérément adopté la grève générale.

La même année, en septembre, le 11e Congrès du Parti ouvrier socialiste révolutionnaire (allemaniste), dans son Congrès de Saint-Quentin, affirmait sa confiance dans la Fédération des

2.

Bourses du travail « qui devait aider dans une large mesure à faire prévaloir les revendications ouvrières », et maintenait « la possibilité d'une action révolutionnaire autre que celle résultant de la protestation électorale » : la grève générale devait être l'objet principal et final de l'activité syndicale et politique.

Malgré ces déclarations réitérées, malgré ces manifestations théoriques et de tendances, — la grève générale restait une conception vague et sans aucune précision. « Elle séduisait les militants, par sa puissance attractive et rayonnante qui fait d'elle un merveilleux ferment d'agitation ; on aimait sa force génératrice de solidarité. » Mais on en parlait sans en avoir donné la définition ; son objet exact, ses moyens d'action et de réalisation restaient dans l'ombre. On crut la préciser en la solidarisant étroitement à l'idée de « Révolution sociale ». « Mais malgré cela ses partisans ne donnèrent pas l'impression d'une imposante unité de vues. »

Au Congrès national corporatif de Paris de 1893, on sentit si vivement le besoin de préciser ce concept, que la formation d'un comité fut décidée qui aurait pour mission d'étudier et de propager l'idée de la grève générale.

A son 12e Congrès national, tenu à Dijon en juillet 1894, le Parti ouvrier socialiste révolutionnaire affirma encore sa foi en la grève générale. Il s'y prépara surtout au Congrès de Nantes qui, en septembre, devait réunir les adhérents de la Fédération des syndicats et où devait avoir lieu le gros débat sur la grève générale.

De son côté, le Parti ouvrier se réunissait quelques jours avant pour fixer sa ligne de conduite.

Les Allemanistes avaient résolu de présenter une motion tendant à ce que « le Congrès de Nantes prit l'initiative de la tenue d'un Congrès international à Paris en 1895, ayant pour ordre du jour unique : « De la grève générale ». Les Guesdistes au contraire avaient affirmé, une fois de plus, leur hostilité à l'égard de la grève générale.

Le 6e Congrès de la Fédération des syndicats fut, dans ces conditions, extrèmement agité. 1.662 syndicats s'y étaient fait représenter en raison de l'importance des résolutions qui devaient y être prises. Après des discussions très vives et l'intervention de Briand d'une part, de Delcluze, Roussel, Pedron et Lavigne d'autre part, le Congrès vota la grève générale par appel nominal, avec une majorité de 28 voix (65 pour, 37 contre, 9 abstentions). La déclaration anarchiste d'un délégué fut le prétexte cherché par une partie de la minorité pour quitter la salle des séances.

« L'ancienne Fédération des syndicats se trouvait ainsi divisée en deux fractions distinctes : l'une restée dans la dépendance du Parti ouvrier français, l'autre tombée dans la sphère d'attraction de la Fédération des Bourses. »

La première, peu à peu englobée dans le Parti ouvrier même, n'eut plus que sur le papier une existence distincte de celle du parti politique. Le Congrès de Troyes, en 1895, fut sa dernière manifestation indépendante.

Quant à la deuxième, nettement favorable à la grève générale, elle se transforma au Congrès de Limoges (1895), grâce à l'appui moral de la Fédération des Bourses du travail et du Parti ouvrier socialiste révolutiondaire (allemaniste), en une organisation syndicale nouvelle « unitaire et collective », composée « des divers syndicats et groupements professionnels : la Confédération générale du travail ».

C'est donc l'idée de la grève générale qui présida à la naissance de la Confédération générale du travail, et cette dernière lui resta toujours fidèlement attachée.

Depuis lors, aux Congrès corporatifs de Toulouse (1897), de Paris (1900), la grève générale fut discutée et approuvée par d'imposantes majorités.

Ces Congrès corporatifs, il faut le signaler, ne représentent pas l'unanimité des organisations ouvrières, et si l'on tient compte, d'ailleurs, de la proportion des travailleurs organisés, comparés à la masse ouvrière, on se fera une idée exacte de l'importance de ces majorités de Congrès. Quoi qu'il en soit, il est indiscutable que l'idée de grève générale est actuellement très répandue et très appréciée dans un grand nombre de milieux ouvriers en France, en Belgique, en Espagne, en Italie principalement.

Chez nous, les syndicats isolés, à tendances égoïstes et personnelles d'autrefois, se sont groupés peu à peu pour former des organismes solidaires ; ce désir d'une coopération efficace et concertée s'est manifesté par la formation de la Confédération générale du travail et la Fédération des Bourses du travail, à la constitution desquelles une pensée d'intérêt commun a présidé.

A la centralisation des efforts, à la généralisation de la propagande syndicale, devait aussi correspondre un élargissement des moyens d'action. Le syndicat local ou la fédération corporative avaient pour arme la grève partielle ou la grève corporative généralisée. La Confédération générale du travail, organe central de toutes les fédérations corporatives, devait avoir pour arme la grève générale de toutes les corporations du pays. Il y a là une correspondance logique des moyens d'action et des organismes qui les dirigent.

Mais les choses changent ici de caractère : au lieu de se confiner exclusivement dans le domaine syndical et corporatif, la grève générale, par l'influence de ceux qui s'en sont faits les propagandistes, déborde dans le domaine politique. Alors que, théoriquement et logiquement, si l'on peut dire, elle est l'arme éconqmique du prolétariat syndiqué, l'instrument de pression sur le capitalisme industriel, peu à peu elle change de destination et devient pour ses partisans l'instrument de pression sur l'Etat, et par extension encore elle se confond avec la Révolution sociale elle-même.

« La grève générale est le refus des producteurs de travailler pour procurer jouissance et satisfaction aux non-producteurs ; elle est l'explosion consciente des efforts ouvriers en vue de la transformation sociale ; elle est l'aboutissement logique de l'action constante du prolétariat en mal d'émancipation ; elle est la multiplication des luttes soutenues contre le patronat... Elle est une étape de l'évolution marquée et précisée par des soubresauts qui seront des grèves générales corporatives. »

« La grève générale, dans son expression dernière, n'est pas pour les milieux ouvriers le simple arrêt des bras : elle est la prise de possession des richesses sociales mises en valeur par les corporations, en l'espèce les syndicats, au profit de tous. »

Quand et comment ce mouvement gréviste révolutionnaire pourrait-il se produire ? Quels motifs profonds permettent à ses propagandistes d'en recommander l'emploi avec espoir de succès ?

Aucune indication ne nous est fournie à ce sujet, car les partisans de la grève générale révolutionnaire n'entendent pas « jouer aux prophètes ». Ils se contentent de déclarations vagues, telles que celle-ci : « La révolution entrevue par tous et que le monde ouvrier appelle grève générale, sera elle aussi ce que le travailleur l'aura conçue, saura la créer. L'action se déroulera selon le degré de conscience de l'ouvrier et selon l'expérience et le sens de la lutte qu'il se sera donnés. »

Ce « degré de conscience », cette « expérience » et ce « sens de la lutte », l'ouvrier les acquerra peu à peu en exerçant lui-même son action, en accomplissant lui-même son effort « pour obtenir des puissances qui le dominent les avantages réclamés ». « Par l'*action directe*, l'ouvrier crée lui-même sa lutte ; c'est lui qui la conduit, décidé à ne pas s'en rapporter à d'autres qu'à lui-même du soin de la libérer. » Cette action directe, « cette pratique journalière va chaque jour croissant jusqu'au moment où, parvenue à un degré de puissance supérieure, elle se transformera en une conflagration que nous dénommons « grève générale et qui est la révolution sociale » [1].

Qu'est-ce, en substance, que cette action directe ? On comprend facilement ce qu'elle pourrait être dans une période de révolution, mais il est difficile d'en saisir la forme dans la pratique quotidienne. Si nous nous reportons aux explications de Griffuelhes, nous voyons qu'il cherche à définir l'action directe, « celle qui est directement exercée par les intéressés ».

Mais il reconnaît lui-même que cette définition théorique ne suffit pas, et il propose des exemples. Il cite d'abord l'agitation en faveur de la

---

1 Victor Griffuelhes, secrétaire de la Confédération générale du travail, conférence contradictoire sur les deux conceptions du syndicalisme. Voir *Mouvement Socialiste* n° 146 du 1er janvier 1905. — On peut consulter avec intérêt sur la question de l'action directe *la Critica Sociale*, de Milan — 1er février 1905 — et *L'Avanguardia Socialista*, organe de la fraction révolutionnaire de Milan, n° 113 — 11 février 1905.

mise en liberté du capitaine Dreyfus : « Ce fut la foule soulevée qui fit pression sur les pouvoirs constitués, et la lourde machine judiciaire, mise en mouvement, rendit à la liberté le capitaine. »

« C'est d'ailleurs par une agitation moins vaste, mais de même caractère, que les pouvoirs ont attenté au droit de propriété des placeurs, en permettant la suppression du privilège de placement », et qu'ils ont, dans un autre ordre d'idées, étendu la juridiction prud'hommale à toutes les catégories de salariés.

Cet exposé, vraiment un peu court et indéterminé, est complété par les partisans italiens de l'action directe qui, dans l'*Avanguardia Socialista*, organe de la fraction socialiste révolutionnaire de Milan, s'expriment comme suit :

« La théorie de l'action directe repose sur l'observation que les changements des rapports sociaux, avant d'être exprimés par des lois, sont réalisés dans la société : que de tels changements se résument en droits contractuels que les divers groupes en lutte se reconnaissent réciproquement ; que par le fait des nouveaux droits acquis, un groupe se trouve profiter d'un avantage sur l'autre et réciproquement ; que, au point de vue de la classe ouvrière, les avantages économiques de tout genre se résument en des augmentations de salaires, et que celles-ci s'obtiennent par la lutte économique, sans que l'action parlementaire puisse avoir, à ce point de vue, aucune portée efficace. Quant aux avantages politiques, ils dépendent de la valeur morale croissante de l'ouvrier, de sa plus grande considération sociale, et, par conséquent, de sa plus grande force, qui est le résultat de l'organisation plus complète de la classe ouvrière, de la plus grande perfection de cette organisation même, et des soutiens économiques, comme la coopération, dont elle peut toujours disposer. »

L'action directe doit constituer la méthode pratique de la politique de toute la classe ouvrière parvenue à la conscience de l'antagonisme latent et final de tous ses intérêts avec ceux de la classe capitaliste; elle a un champ d'action bien autrement vaste que celui des traditionnelles luttes électorales et parlementaires.

« Les militants ne doivent jamais subordonner l'action ouvrière aux forces sociales qui s'agitent autour d'eux. Et ce résultat ne peut être atteint que si la classe ouvrière constitue un organisme formé d'elle et ayant pour unique tâche de lutter pour ses intérêts. Cet organisme, à notre avis, doit échapper à toute influence, soit qu'elle émane des possédants, soit qu'elle émane du pouvoir; il doit comprendre les institutions et les services qui répondent à chacun des besoins du travailleur, il doit se suffire, pour n'emprunter qu'aux éléments qu'il comprend la force d'agir et de s'imposer ».

*
* *

Il n'y a évidemment dans cette méthode rien de bien nouveau en soi et ses partisans sont les premiers à le reconnaître. « C'est à peine, disent-ils, s'il y a quelque nouveauté dans la formule, mais elle était nécessaire pour bien distinguer le mouvement syndical du mouvement socialiste, qui, un peu partout, est devenu synonyme d'action électorale et de bavardage parlementaire. » Et ainsi s'indiquent les sentiments anti-parlementaires des partisans de l'action directe.

La méthode dans son ensemble soulève d'ailleurs de nombreuses questions.

Préconiser une politique d'union de toute la classe ouvrière, c'est certes un beau programme, mais il n'est pas besoin de regarder les choses et les hommes de bien près pour saisir combien nous en sommes loin encore. Dans la pratique, nous voyons presque partout la division : dans le domaine politique, c'est presque une nécessité ; dans le domaine syndical, c'est un fait actuel indiscutable. On nous dit que la communauté d'intérêts doit suffire à unir tous les prolétaires dans une commune action contre le capital. Mais d'abord les intérêts ne sont pas communs : le prolétariat, comme la bourgeoisie, se compose de classes dont les intérêts sont différents, parfois même opposés. D'ailleurs, à supposer même la communauté d'intérêts établie, il y a les questions de méthode. Jamais et nulle part un prolétariat conscient, intelligent et critique n'acceptera à l'unanimité un programme ou une méthode. Les variétés des caractères et des tempéraments sont là qui, pour des raisons inhérentes à la nature même de l'homme, empêcheront sûrement cet accord général.

On nous dit d'ailleurs que la méthode de l'action directe repose sur quelques observations indiscutables : « Les changements des rapports sociaux, avant d'être exprimés par des lois, sont réalisés dans la société. » On en conclut que le Parlement, qui fait les lois, n'est qu'un enregistreur. Cette affirmation n'est pas exacte pour les questions ouvrières; la loi établissant la responsabilité des patrons en cas d'accidents du travail, ou celle instituant les retraites ouvrières par exemple, ont sensiblement modifié certains rapports sociaux et elles ne sont pas l'expression légale d'une pratique existante. Elles sont dues exclusivement à la pression politique des élus de la classe ouvrière au Parlement.

On nous dit encore que les avantages économiques se résument toujours pour la classe ouvrière en des augmentations de salaires, qui ne s'obtiennent que par la lutte économique (action directe). C'est encore une affirmation très discutable. Les lois dont nous venons de parler, celle qui réduit les heures de travail, sont des avantages économiques; elles ne se résument pas en des augmentations de salaires et sont dues au Parlement.

Sans insister davantage, il faut reconnaître que le syndicalisme révolutionnaire correspond à un besoin de nouveauté qui se manifeste de temps à autre dans les partis avancés. L'évolution sociale suit généralement des voies dont les socialistes en particulier supportent difficilement les longueurs et qu'ils cherchent à remplacer par des chemins plus durs peut-être, mais plus courts. Dans leur ardeur vers le succès rapide, ils risquent souvent d'aller trop brusquement et de compromettre ce qui est acquis.

***

On ne peut parler des rapports des syndicats et de la grève générale sans indiquer les tendances politiques qui ont fait dévier peu à peu la grève générale de son caractère exclusivement économique au début, pour en faire l'équivalent de la révolution sociale. Les partisans de la grève générale attachent aujourd'hui infiniment plus d'importance à ce caractère politique qu'au caractère économique passé au second plan et leur propagande en faveur de la grève générale est accompagnée d'une campagne ardente contre le parlementarisme.

Le Comité de la grève générale déclarait « que la grève générale, parce qu'elle est une arme économique, est autrement féconde en heureux résultats que les efforts tentés par les voies parlementaires pour acculer les pouvoirs publics à une intervention favorable aux exploités ». Un autre partisan de la grève générale écrivait dans le même ordre d'idées : « Ne faudrait-il pas conclure du faiblissement électoral du socialisme politique que le suffrage universel n'a pas la valeur dynamique que certains lui ont attribuée et que rien de définitif ne peut être édifié sur le sable mouvant que constituent les masses électorales ? » Ainsi s'affirme et se précise la tendance politique qui guide les partisans de la grève générale. Ce qu'ils n'indiquent que timidement, sous forme interrogative, dans des enquêtes ou des articles, ils l'affirment hautement dans les conversations et dans les conférences de propagande. Pour eux, la grève générale, couronnement de l'action corporative, doit remplacer l'action parlementaire dont ils proclament la faillite. Ils se contentent de critiquer la tactique socialiste des dernières années et la forme gouvernementale actuelle ; ils affirment que la grève générale sera la Révolution, mais ils n'en indiquent ni les modes de préparation, ni les moyens d'action, ni les conditions les plus favorables. Cette absence de toute critique amoindrit sensiblement la valeur de cette théorie. qui est loin d'être devenue encore une méthode d'action.

*
* *

L'attitude des organisations syndicales étrangères est essentiellement différente de celle des associations ouvrières de France et d'Italie. Et la majorité d'entre elles est hostile à la grève générale [1].

Alphonse Octors, le secrétaire de la commission syndicale du Parti ouvrier belge, s'élève, avec énergie contre la conception de la grève générale-révolution sociale qui est dans l'état actuel de l'organisation ouvrière une « vaste utopie ». Non pas qu'il faille rejeter définitive-

---

1 Pour les opinions de Octors, Legien et Huebel, voir le *Mouvement socialiste*, n° 137-138, juin et juillet 1904.

ment cette arme d'émancipation, mais il importe de n'en user qu'à bon escient, lorsque le prolétariat saura s'en servir et qu'il pourra en prévoir tous les effets.

Les militants belges bornent donc leur programme actuel à organiser avant tout la classe ouvrière, à lui donner la conscience de classe. On sait comment par les syndicats et par les coopératives ce prolétariat belge a su constituer un organisme corporatif et économique qui, d'une part, groupe les travailleurs par une discipline consentie et raisonnée, d'autre part, leur fournit une réserve financière chaque jour grandissante et les prépare peu à peu au rôle de gérants industriels et commerciaux qu'ils auront à remplir dans l'avenir. C'est là une préparation de longue haleine sans doute, dont les militants d'aujourd'hui ne pensent pas voir les résultats, mais ils s'y consacrent avec un dévouement et une prévoyance profondément intelligents.

Il est à noter à ce sujet que les partisans français de la grève générale révolutionnaire ne font qu'à peine mention du rôle éducateur que doivent jouer les coopératives dans la préparation de la grève générale, ni des réserves importantes qu'elles pourraient lui fournir : — nouvelle indication de l'importance exagérée qu'a prise à leurs yeux la considération politique : ils ne mettent qu'en seconde ligne les véritables moyens de préparation économique.

Les syndicats allemands ont sur la question la

même manière de voir que les syndicats belges.

Karl Legien, secrétaire de la « Commission générale des syndicats allemands », et chargé du rapport présenté au Congrès socialiste international de 1900 au nom de la Commission de la grève générale, déclarait que « pour la majorité de la Commission, la question de la grève générale n'est pas discutable en ce moment, par cette raison très simple que lorsqu'on veut la bataille il faut d'abord commencer par former les bataillons qui pourront y aller. Aussi longtemps que le prolétariat ne disposera pas de syndicats fortement organisés et nombreux, il ne sera pas souhaitable qu'on déclare la grève générale, parce que cette grève générale n'aurait qu'une conséquence, ce serait de livrer le prolétariat à la bourgeoisie, qui le fusillerait et l'affamerait ».

Et, sans exclure l'idée d'une grève générale, il rappelait, avec la motion votée par le Congrès socialiste international de Londres, que la condition nécessaire et inévitable du succès, c'est l'organisation syndicale. La Commission du Congrès de 1900 vota d'ailleurs une résolution qui se terminait ainsi :

« Ce qui est immédiatement nécessaire, c'est l'organisation syndicale des masses ouvrières, puisque l'extension de l'organisation dépend de l'extension des grèves des industries entières ou des pays entiers. »

Le dernier congrès des Syndicats allemands tenu à Cologne, en mai 1905, s'est occupé à

fond de la grève générale, et suivant les con-
clusions du rapporteur, Bömelburg, s'est déclaré nettement opposé à ses applications corporatives, économiques ou politiques. Malgré
l'intervention de quelques partisans de la grève
politique ou des grèves généralisées — car on
a parlé indistinctement de toutes ces applications différentes de l'idée de grève générale —
la motion Bömelburg, condamnant la grève
générale sous toutes ses formes, a été adoptée
à l'unanimité du congrès moins sept voix.

La même opinion est encore soutenue par le
Secrétaire de la « Commission générale » des
syndicats autrichiens, A. Hueber. En quelques
lignes très précises, il se déclare partisan des
grèves corporatives généralisées, pour les corporations « fortement centralisées » et possédant « un puissant trésor de guerre ». Il recommande l'emploi de la grève générale locale, qui
constitue une pression sur les pouvoirs publics
ou le patronat d'une ville ou d'une région.
La grève générale, « envisagée comme moyen
d'obtenir des droits politiques ou de défendre
les droits déjà conquis », n'est pas à ses yeux
une utopie : il pourra se produire certaines circonstances dans lesquelles « le prolétariat devra
accomplir sa mission historique ». Mais, « à la
question de savoir si la grève générale est bonne
pour amener la révolution sociale et par suite
le régime socialiste de la production », Hueber répond nettement par la négative. En
manière de conclusion, il recommande la créa-
tion de puissants organismes centraux, la coa-

lition des syndicats avec les coopératives de consommation, l'organisation de la production coopérative ainsi que de l'action politique. « Bref, emparons-nous de toutes les positions qui s'offrent comme utiles et accessibles, et nous aurons de la sorte abattu de la besogne socialiste révolutionnaire en actes et non en paroles. »

*
* *

Ainsi donc, nous trouvons parmi les représentants de la classe ouvrière internationale deux tendances opposées.

La plus importante, celle qui réunit la majorité des suffrages étrangers, voit dans la grève générale une forme lointaine de l'action prolétarienne qui ne pourra être mise en pratique que le jour où l'organisation syndicale, économique, coopérative, sociale du prolétariat sera parvenue à un degré supérieur ; mais cette époque est assez lointaine pour que la préoccupation de l'*organisation* doive longtemps encore dominer celle de la *réalisation*.

L'autre tendance, représentée par certaines organisations françaises et italiennes, voit dans la grève générale l'acheminement prochain à la révolution sociale.

III

LA GRÈVE GÉNÉRALE ET LES PARTIS POLITIQUES

La grève générale est depuis bien des années, l'objet de discussions très vives dans les milieux politiques. La diversité des points de vue signalée dans le chapitre précédent s'accentue encore ici. Les groupes syndicaux en effet n'ont à envisager la grève générale que dans ses rapports avec l'action corporative ; leurs opinions varient suivant la conception qu'ils se font de l'action syndicale et le caractère plus ou moins révolutionnaire qu'ils lui attribuent. Les groupes politiques au contraire doivent, d'une part, se préoccuper du côté syndical de la question, car, quoi qu'on en ait dit, l'action politique ne peut pas se désintéresser aujourd'hui de l'action syndicale ; d'autre part, ils doivent examiner le côté proprement politique de la question, c'est-à-dire les rapports de leur conception politique avec la grève générale.

Les combinaisons des diverses opinions syndicales et politiques ont déterminé parmi les socialistes et les anarchistes internationaux une variété extrême d'attitudes à l'égard du grand problème qui nous occupe. Dans un même parti, dans un même groupe, des personnalités d'opinions généralement voisines se trouvent séparées sans motifs parfois bien apparents. Les uns sont favorables, les autres opposés par tendance, par sentiment.

Cette diversité extrême des attitudes provient de ce qu il s'agit ici d'une question encore toute théorique ; même dans les pays où la grève générale a été expérimentée, l'opinion ne peut se baser sur les résultats de tentatives faites toujours jusqu'ici dans des conditions incomplètes et insuffisantes qui ne permettent pas de se prononcer. Les seuls guides de nos investigations sont les règles de la logique et l'ensemble des méthodes déductives et comparatives qui permettent d'apprécier la valeur d'un acte projeté en cherchant à en fixer les conditions nécessaires et à en découvrir les conséquences possibles. Ces méthodes nécessairement approximatives laissent à chacun la latitude d'attacher plus d'importance aux considérations qui confirment sa façon de voir et moins d'importance à celles qui lui sont contraires. Chacun se dirige dans cette investigation, parfois purement imaginative de l'avenir, suivant son tempérament, son degré de culture, son habitude du raisonnement. Aussi y a-t-il pour ainsi dire autant de conceptions de la grève générale que de théoriciens. Dans le détail, les variantes sont infinies. Heureusement certaines grandes lignes communes permettent de les diviser en groupes distincts que l'on pourrait établir conformément à la classification que voici :

I. — Les Partisans de la grève générale comprennent les catégories suivantes :

a) Les *antiparlementaires.*

Pour eux, la grève générale est le grand acte libérateur, c'est la révolution.

« Pour l'avenir, la grève générale s'indique comme le seul et unique moyen qu'ait à sa disposition la classe ouvrière pour sortir du salariat et renverser l'ordre capitaliste et gouvernemental. » La grève générale devient à leurs yeux « la révolution décentralisée ».

Le parlementarisme est leur grand ennemi ; ils n'en voient que les défauts et aucun des avantages. « Une fausse conception de l'État et surtout une estimation exagérée du parlementarisme ont peu à peu détourné le prolétariat du terrain de la vraie lutte de classes » qui devait avoir pour manifestation exclusive « une action directe avec pleine responsabilité de chacun : grèves, 1ᵉʳ mai, boycottage ». « L'idée de grève générale surgit, logiquement et fatalement, quand la classe ouvrière délaisse l'illusion politique pour concentrer ses efforts d'organisation, de lutte et de révolte sur le terrain économique. »

La critique souvent justifiée des formes et méthodes du mouvement ouvrier moderne fournit à ces partisans résolus de la grève générale une ample réserve d'arguments contre les pratiques actuelles. Mais les insuffisances ou les faiblesses de l'action de notre parti au cours des dernières années ne constituent pas un fondement légitime de la grève générale et de son adoption à l'exclusion de tous autres modes d'émancipation.

b) Du même avis est le citoyen Briand qui s'est acquis, dans cette question, une situation particulière. Bien que membre du Parti socialiste français, il s'est affirmé nettement partisan de la grève générale. Elle est pour lui la conséquence inévitable de l'organisation, comme le couronnement obligatoire de l'organisation et de l'action syndicales, l'aboutissement nécessaire de l'évolution économique, « qui dressera en face du patronat le prolétariat tout entier ». Elle sera en un mot la révolution, mais la « révolution légale ». Elle n'est en effet que l'application d'un « des moyens légaux, inconsciemment mis à la disposition des travailleurs » par l'État bourgeois, moyen qui, « habilement et pratiquement interprété, doit assurer la transformation économique »[1].

c) Si, pour les deux premiers groupes, la grève générale et la révolution ne sont que deux désignations différentes d'un seul et même phénomène, pour certains socialistes révolutionnaires, au contraire, et pour le Parti ouvrier socialiste révolutionnaire (allemaniste) en particulier, ce sont deux phénomènes distincts.

A vrai dire les caractéristiques de cette différence ne sont guère précisées. Mais les affirmations sont très nettes :

« Des flots d'encre ont été versés pour savoir si la grève générale devait être pacifique ou

1. 5ᵉ Congrès de la Fédération des syndicats, Marseille 1892. Rapport d'Aristide Briand.

révolutionnaire. Nous estimons simplement qu'elle doit être la grève générale. La manie de tout étiqueter ne doit pas nous obliger à ajouter quoi que ce soit à ces deux mots. Pas plus que la révolution, la grève générale ne peut se décréter. Peut-être demain, peut-être beaucoup plus tard, il nous faudra agir ; il est donc nécessaire de nous y préparer. »

On paraît donc considérer ici les deux phénomènes comme différents.

II. — Les INDÉCIS.

Il est ensuite tout un groupe de socialistes — réformistes et révolutionnaires — qui, sans condamner nettement la grève générale, ne s'y montrent que peu disposés et lui adressent des critiques de détail nombreuses.

C'est l'attitude généralement adoptée par la plus grande partie du socialisme international en particulier au dernier Congrès de Amsterdam.

La résolution votée par la majorité du Congrès (36 voix contre 4 et 3 abstentions), s'élève contre la conception simpliste de la grève générale : « Si l'on entend par là la cessation complète de tout travail à un moment donné, elle est inexécutable parce qu'une telle grève rendrait chaque existence, celle du prolétariat comme toute autre, impossible. »

Mais « il est au contraire possible qu'une grève qui s'étendrait soit sur un grand nombre de métiers, soit sur les plus importants d'entre eux au fonctionnement de la vie économique, se trouverait être un moyen suprême d'effectuer des changements sociaux de grande importance ou de se défendre contre les attentats réactionnaires sur les droits des ouvriers. »

Ici on reconnaît donc l'utilité éventuelle d'une grève générale, dans certaines circonstances économiques et politiques, mais on recommande au prolétariat de ne pas se laisser charmer par les faciles promesses des anarchistes qui détourneront la classe ouvrière de son effort politique syndical et coopératif, sous prétexte de remplacer l'action ouvrière de longue haleine par l'emploi de la grève générale. Alors que les partisans résolus de la grève générale conseillent l'abandon de toute action autre qu'elle-même, la majorité des socialistes internationaux recommande au contraire la continuation de l'action politique et parlementaire, et n'envisage le recours à la grève générale que comme une mesure spéciale qui ne peut être recommandée que dans certains cas seulement.

III. — Les ADVERSAIRES.

Il est enfin de nombreux socialistes — aux nuances les plus variées — qui sont délibérément opposés à la grève générale.

a) D'une part, ce sont les chefs du Parti socialiste de France, Jules Guesde et Lafargue, qui sont très nettement adversaires de la grève générale.

Ils voient surtout en elle l'arme dont se servent les anti-parlementaires, et comme telle ils la condamnent. « Dès le commencement, la grève générale est apparue comme un moyen dirigé contre l'action politique du Parti socia-

liste », et plus loin : « Le mot « grève générale »
sert d'arme contre toutes les écoles du socialisme, aussi bien contre le P. S. de F. que contre
le P. S. F. Actuellement la phrase grève-géné-
raliste fait plus de mal au socialisme que le
ministérialisme. » (Jules Guesde, Congrès de
Lille, août 1904.)

La grève est d'ailleurs une entreprise d'ordre
syndical et non pas d'ordre politique. Comment
en conséquence un parti politique pourrait-il
mettre tout son espoir en une action exclusivement corporative ? « Nous avons toujours défendu et aidé les grévistes, dit Lafargue, mais nous
n'avons jamais pris l'initiative d'une grève. »
« Si la grève générale signifie une grève corporative généralisée, dit Guesde, le Parti ne sau-
rait aucunement y engager sa responsabilité.
C'est aux ouvriers seuls d'en décider sous leur
propre responsabilité. »

b) De son côté Jean Jaurès a adressé de vives
critiques à la théorie anti-parlementaire de la
grève générale ; il en a signalé les naïvetés et les
contradictions. Mais, moins catégorique que
les chefs du P. S. de F., il reconnaît que la grève
générale « n'est pas un élément négligeable
dans le vaste mouvement social » et que, « dans
certaines conditions et certaine forme » qu'il
indique, « elle pouvait accélérer l'évolution sociale et le progrès ouvrier ».

« C'est d'ailleurs pour une société un signe
terrible et un avertissement décisif qu'une pa-
reille idée puisse apparaître à une classe ouvrière qui porte l'ordre social : c'est elle qui

produit et qui crée. Si elle s'arrête, tout s'arrête[1]. »

On voit donc que la la diversité la plus extraordinaire règne à l'heure actuelle dans l'opinion socialiste sur la question de la grève générale. Ce ne sont pas ici des différences de tactiques ou des nuances de conception ; ce sont des oppositions nettement formulées. Guesde dit : « Le Grève-généralisme et le socialisme sont incompatibles. » Hubert Lagardelle, directeur du *Mouvement Socialiste*, dont les sympathies révolutionnaires ne sont pas douteuses, écrit quelques semaines auparavant : « Dire que la grève générale est une utopie, c'est dire que le socialisme est irréalisable. » Et plus loin : « Ces objections dirigées contre la grève générale, si elles étaient fondées, vaudraient aussi irréfutablement contre le socialisme. »

Parmi les membres du P. S. F., même diversité d'opinion, puisque Briand « endosse la paternité » de cette conception, tandis que Jaurès la combat.

Et parmi ceux mêmes qui n'ont pas pris une de ces attitudes extrêmes que d'hésitations et d'incertitudes !

Il était donc nécessaire de mettre à l'étude du Parti socialiste international une question encore aussi nuageuse et sur laquelle tant de fausses interprétations, tant de considérations abusives ont été présentées aux publics populaires.

1. Jean Jaurès, *Études socialistes. Grève générale et Révolution.*

IV

LES MÉTHODES DE RÉALISATION

Ainsi que nous l'avons vu au cours des précédents chapitres, les partisans de la grève générale, quelles que soient leurs tendances politiques ou syndicales, leurs vues sur le parlementarisme, n'ont pas jusqu'ici exposé le détail des conditions qu'ils considèrent comme les plus favorables à la grève générale, ni examiné les conséquences probables d'un succès ou d'une défaite. Il semble que pour eux la critique des méthodes du socialisme parlementaire, partie négative de l'argumentation, soit suffisante et les dispense de tout exposé positif.

Il n'y a guère que le Comité de la grève générale de France qui ait tenté une discussion des objections présentées par Jean Jaurès. Mais son argumentation s'est trop souvent bornée à des déclarations de principes ou à des attaques *ad hominem*; il n'a pas cherché à répondre aux nombreuses questions que soulève le gros problème de la grève générale.

Il faut d'ailleurs reconnaître que c'est là une tâche difficile, impossible même en certains points. Le théoricien examine toutes les éventualités qui peuvent se présenter tant dans la préparation que dans la réalisation de la grève générale ; il signale les dangers ; il pose aussi des points d'interrogation. Les partisans de la grève générale n'y peuvent, la plupart du temps, répondre que par des affirmations qui n'ont aucun fondement historique ou économique, puisqu'elles se rapportent à des possibilités futures. Mais l'absence même de ce fondement historique ou logique doit inspirer la plus grande réserve à l'égard de la grève générale. Une méthode d'action sociale qui ne repose que sur une théorie, sur un concept abstrait ne peut pas être considérée comme ayant une valeur propre indiscutable.

*
* *

Les questions qui se posent au sujet de la grève générale sont extrêmement nombreuses et diverses. On peut dire que chaque jour en apporte de nouvelles et nous n'avons pas ici l'espoir de les signaler toutes.

Elles peuvent se grouper suivant les périodes auxquelles elles se rapportent :

1º La période préparatoire. — Les voies et moyens.

2º La période de réalisation.

3º La période postérieure à la grève..

I. — La période préparatoire. Les voies et moyens.

Il est aujourd'hui impossible pour le prolétariat de songer à aucun des moyens d'action qu'il employa jadis pour ébranler ou renverser les gouvernements. Les prises d'armes, les émeutes, la guerre des rues ou toute autre forme du coup de force sont aujourd'hui hors de question. La perfection et la puissance de l'armement militaire enlèvent, de nos jours, à tout mouvement populaire la possibilité du succès. Le seul moyen dont dispose le Prolétariat de déterminer par une crise la désorganisation et l'ébranlement du gouvernement, c'est la grève générale, la cessation de la production dans toute l'étendue du pays.

La condition nécessaire — sinon suffisante — de la grève générale est l'organisation syndicale, tant pour préparer les masses prolétariennes à une action commune que pour les faire marcher d'un commun accord au moment décisif.

Tous les partis sont unanimes sur cette question, quelle que soit leur attitude à l'égard de la grève générale elle-même.

Rien n'est plus naturel d'ailleurs, puisque toutes les écoles socialistes, et même toutes les écoles sociales, aux programmes politiques les plus divers, reconnaissent que l'action solidaire professionnelle doit être la base de tout mouvement ouvrier. A plus forte raison, pour une entreprise aussi importante, aussi grosse de conséquences que la grève générale, l'organisation corporative est-elle, aux yeux de tous, une condition indispensable.

Mais où les partis diffèrent, c'est dans la valeur qu'ils lui attribuent. Les partisans de la grève générale, ceux qui placent en elle tout leur espoir d'émancipation prolétarienne, considèrent l'organisation syndicale comme « l'épine dorsale » du mouvement ouvrier [1].

A la lutte politique électorale et parlementaire, à la poursuite des réformes, à la discussion des programmes, ils opposent l'action syndicale ouvrière.

On a remarqué, à juste titre, que l'action politique et parlementaire avait, à certaines heures et dans certains pays, exclusivement absorbé l'attention et la vie du socialisme, au détriment de toutes les autres manifestations de la vitalité ouvrière. Tombant dans l'excès opposé, le plus grand nombre des partisans de la grève générale voient dans l'action syndicale l'unique instrument de l'émancipation prolétarienne.

Mais il importe de remarquer que le caractère général et le rôle du syndicat s'élargissent dans cette conception et prennent une importance nouvelle. Le type des unions corporatives anglaises ou allemandes contemporaines, principalement préoccupées des améliorations immédiates et de la défense des intérêts matériels du jour, fait place à la conception] d'un syndicat révolutionnaire qui « accapare l'homme tout entier », qui est en un mot la véritable école du prolétariat. Sans abandonner la lutte pour les revendications actuelles, les syndicats doivent se tracer un programme plus large et

1. Conférence du Dr Friedeberg, *Mouvement socialiste*, n°s 139-140, août-septembre 1904.

s'occuper à préparer l'avenir. L'idée de la grève générale sera comme le levain de cette transformation des aspirations syndicales : puisque la grève générale contient en elle-même toutes les possibilités de révolution et d'émancipation, l'action syndicale qui la prépare et dont elle est le nécessaire aboutissement doit, en conséquence, s'en trouver élargie et comme régénérée. De simple association d'assistance mutuelle et d'union économique qu'il a été jusqu'ici aux yeux de la classe ouvrière, le syndicat devient ainsi l'organe unique de l'émancipation.

A cette exaltation du rôle du syndicat correspond naturellement la diminution du rôle du Parlement : les anarchistes, par principe, sont opposés à toute action parlementaire ; les socialistes révolutionnaires, partisans de la grève générale, subordonnent simplement l'action parlementaire au mouvement corporatif : pratiquement, ces deux attitudes se confondent.

Quant aux modérés, aux partisans incertains de la grève générale, ils restent certes attachés au syndicat, auquel ils entendent laisser son rôle actuel, peut-être un peu plus idéalisé ; mais ils comptent, pour l'éducation révolutionnaire du prolétariat, sur les comités politiques et groupes d'études, sur les coopératives, sur l'ensemble des institutions qui constituent aujourd'hui le mouvement socialiste proprement dit.

*
* *

Mais quel développement devra atteindre

cette organisation syndicale pour que la classe ouvrière soit en état de triompher par la grève ? Devra-t-elle englober la quasi-unanimité du prolétariat ouvrier, ou seulement en comprendre une majorité plus ou moins considérable ?

Les avis diffèrent sur ce point ; des considérations également intéressantes sont présentées à l'appui des diverses opinions.

Jamais, pour les uns, la classe ouvrière ne pourra être en totalité syndiquée, et c'est folie de le prétendre. D'ailleurs l'organisation générale de toute la classe ouvrière n'aurait de valeur que s'il s'agissait « d'exercer une pression économique par une grève de longue durée ». Or, on ne peut songer à immobiliser des millions d'individus pendant une longue période. « S'il s'agit, dit Karl Kautsky [1], de vaincre à l'aide d'un choc moral, alors ce n'est pas l'organisation générale qui est nécessaire, c'est l'agitation générale des masses prolétariennes appuyant dans le même sens que la grève. »

Une parie seulement de la masse populaire, solidement organisée, suffirait donc, suivant ceux-ci, à entraîner les non-organisés simplement préparés par une propagande active.

Au contraire d'autres théoriciens estiment que la masse organisée des « indifférents » constituera l'un des principaux éléments d'insuccès de la grève générale [2]. Comment compter, enthousiasmer, entraîner dans un effort et

1. *Mouvement socialiste*, n°s 139-140.
2. W. Düwell, *Neue Zeit*, du 19 novembre 1904.

dans une attaque combinée la foule informe des malheureux anéantis par la misère, brisés par les privations, chez lesquels la perpétuelle dépendance a neutralisé toute volonté ? Ils sont légions ceux-là et chaque jour leur nombre augmente avec le développement du machinisme. Il faudra compter avec ces malheureux toujours disposés à gagner quelque chose pour vivre et qui ne demandent qu'à prendre la place des chômeurs. En tous cas, par leur concours, les travaux d'entretien pourraient être assurés et voilà qui permettrait aux industriels d'attendre longtemps, s'il le fallait.

D'ailleurs, indépendamment des « indifférents », il faut compter aussi dans certains pays, en Allemagne et en Hollande, en particulier, avec les organisations syndicales ouvrières. hostiles à la révolution, et animées simplement du désir d'améliorer leur situation progressivement et dans la mesure où cela est possible dans notre société actuelle. Il est certain qu'en Allemagne, les syndicats chrétiens feraient une opposition ardente à la grève générale et que leur contre-influence aurait son poids auprès d'une partie de la classe ouvrière allemande : l'intérêt des industriels serait bien évidemment de leur donner toutes les ressources nécessaires pour la propagande antigréviste et d'en faire comme le rempart de l'industrie capitaliste.

*
* *

Si telle est l'importance de l'organisation ouvrière au cours de la période préparatoire, elle n'est pas moindre au moment de la mise en œuvre.

Cette organisation syndicale en effet doit être en réalité, à y regarder de près, une sorte d'organisation sociale.

D'abord il faut des chefs : ceux qui auront conduit les opérations jusqu'au moment de la rupture avec l'État bourgeois ne suffisent pas, car, dans bien des cas, le gouvernement, menacé par la grève politique, n'hésitera pas à faire arrêter les personnes sur lesquelles paraît reposer tout le mouvement, espérant ainsi le paralyser en le privant de ses chefs. Il faut donc qu'une élite de camarades soit prête à prendre la direction du mouvement après la déclaration de la grève.

Il faut ensuite des cadres, des militants nombreux destinés à stimuler l'enthousiasme, le courage et l'endurance des masses grévistes.

Indépendamment de cette organisation des troupes, il faut assurer un certain nombre de services matériels indispensables au succès. Le plus important de tous, le plus difficile est celui des subsistances. Et nous touchons là à un des points faibles de la théorie de la grève générale. L'idée de grève générale suppose en effet l'arrêt de tout travail productif pour le capital, et, par conséquent, l'arrêt des transports. Dans de grandes agglomérations d'hommes, la question de la nourriture deviendra donc rapidement, au bout de peu de jours, la question décisive. Arrêter les transports, c'est empêcher l'arrivée des subsistances : tout le monde est affamé, — prolétaires et bourgeois. Les derniers peuvent encore se procurer à prix d'or les réserves des négociants ; mais les premiers en sont réduits à la famine. Pour remédier à cette situation, certains proposent de constituer des réserves de comestibles, idée de pure imagination, car des réserves pour nourrir, ne serait-ce que quelques jours, des centaines de mille personnes représenteraient une valeur, et nécessiteraient une place et une organisation colossales, pratiquement irréalisables.

Indépendamment de cette question, qui est d'une importance si grande, d'autres services devraient également être assurés pour mettre la classe ouvrière dans des conditions de vie possible. Le service sanitaire serait d'un intérêt capital et de lui dépendrait la réglementation des débits de boisson et de tous les lieux de plaisirs populaires qui prendraient une place si grande dans la vie d'un peuple inoccupé. — Le service des informations aurait une grande importance : indépendamment du Comité directeur de la grève, la masse ouvrière devrait, par les journaux, être régulièrement et exactement renseignée sur tout ce qui concernerait la marche du mouvement révolutionnaire. La presse, en même temps qu'elle servirait à répandre, sans les déformer, les instructions des chefs, servirait à couper court aux bruits tendancieux que l'adversaire ne manquerait pas de répandre en vue de déterminer dans la foule les indécisions, les soupçons, ou les paniques.

Pour que la classe ouvrière soit véritablement en mesure de lutter à égalité avec ses adversaires sociaux, il faudrait en un mot, et sans entrer dans un plus ample détail, qu'elle soit organisée comme ces adversaires eux-mêmes, évidemment sans les rouages inutiles d'une administration parasite ou d'un hiérarchisme stérile, mais avec la discipline « librement consentie » et la bonne volonté indispensables à toute entreprise collective, et avec un soin infini dans la prévoyance de tous les détails nécessaires à la vie d'un grand nombre d'hommes inactifs rassemblés dans un même lieu.

*
* *

Pour réussir dans son entreprise, la classe ouvrière ne doit pas seulement se bien connaître elle-même, elle doit aussi bien connaître son adversaire pour pouvoir choisir le moment propice au succès. Il ne suffit pas en effet de décréter l'arrêt de tout travail pour effrayer un gouvernement ou une société solidement constitués. Un pouvoir central, sûr de ses agents (armée, police, administrations diverses), pourra résister à la première panique, ressaisir par son sang-froid les bourgeois inquiets et même jeter par quelque coup d'audace le trouble ou la déroute parmi les rangs des ouvriers. Il est bien évident en effet qu'une institution dont l'unique fonction est depuis des siècles de conduire les hommes sera très puissante devant un soulèvement pacifique de travailleurs qui, pour la première fois, tenteront sans violence la conquête du pouvoir. L'assurance du Gouvernement donnera confiance à la bourgeoisie qui se groupera autour de lui, constituant un bloc puissant, compact contre lequel la tentative risquera bien d'échouer.

Si, au contraire, le Gouvernement passe par une de ces périodes de faiblesse qu'il traverse périodiquement dans tous les régimes, la grève générale aura plus de chances de succès. Un gouvernement irrésolu, sans autorité, laisse naître la défiance et l'incertitude dans les rangs de ses propres agents ; les classes bourgeoises hésitent à se grouper autour d'un centre dont elles savent l'instabilité ; en l'absence d'une ferme direction centrale, les citoyens se divisent en groupes indépendants sous la conduite de nouveaux chefs, et cette dispersion même est l'un des principaux auxiliaires des ouvriers grévistes. Certains groupes bourgeois pourraient même, si les chances de succès paraissent favorables au prolétariat, se joindre à lui dans l'espoir de sauver tout ce qui pourra être sauvé en compensation des avantages volontairement concédés.

Il importe donc au plus haut point, pour que la grève générale puisse être couronnée de succès, que les chefs du mouvement populaire aient une connaissance exacte et approfondie de la situation intérieure du Gouvernement, de son prestige moral vis-à-vis de la nation ou de ses représentants, et qu'ils ne déclarent la grève générale qu'au moment véritablement favorable.

Et c'est ainsi que s'affirme l'utilité, la quasi nécessité, d'une entente étroite entre les représentants de la classe ouvrière au Parlement et les chefs des organisations syndicales. Dans un régime parlementaire, dans lequel la classe ouvrière est largement représentée, ce sont les élus du prolétariat qui peuvent le renseigner avec un peu de précision sur les dispositions exactes de l'opinion parlementaire et sur les rapports du Gouvernement et du Parlement. Seuls ceux qui sont intimement mêlés à ces discussions intérieures peuvent estimer avec quelque chance d'exactitude la situation d'un gouvernement vis-à-vis des représentants de la nation et les possibilités de succès que pourrait avoir une entreprise de grève générale. En dehors du milieu politique et parlementaire, les risques d'erreur sont très nombreux. On juge mal du dehors, car on ne juge que par intermédiaire. Les informations de la Presse, toujours tendancieuses, ne laissent passer que certaines impressions. La conversation avec des parlementaires en temps normal montre combien le public apprécie parfois les situations politiques au rebours de la vérité ; à plus forte raison dans une période de crise. Pour choisir le moment le plus favorable à la désorganisation d'un gouvernement parlementaire, le concours des élus du peuple — ne serait-ce que comme informateurs — est donc absolument nécessaire. La prétention de bien des chefs syndicaux de tout mener par eux-mêmes, sans aucun concours étranger et surtout politique, est donc manifestement opposée au succès même de la grève.

*
* *

En résumé, il faudra donc que la classe ouvrière se soit transformée en un organisme d'une précision remarquable pour qu'elle puisse réunir et réaliser toutes les conditions nécessaires au succès. « Il faut, dit Kautsky, que le prolétariat ne se laisse entraîner par n'importe quelles excitations ou séductions à des actes irréfléchis ou imprudents, à des explosions de fureur, à des paniques, et que jamais il ne sacrifie ses visées fondamentales à des avantages accessoires. » Pour quiconque connaît la nature des mouvements populaires, l'impressionnabilité des masses même réduites, l'instabilité des sentiments des foules, il est de toute évidence que le jour est encore lointain — s'il doit jamais venir — où la classe ouvrière, dans des conditions anormales de vie, au milieu des privations, de l'oisiveté, des excitations ou provocations intéressées, saura garder tout son sang froid et rester maîtresse d'elle-même.

Et ceci est d'autant plus à considérer que les théoriciens de la grève générale sont quasiment unanimes à reconnaître la nécessité d'un levier moral, d'une préoccupation idéale qui déterminera le Prolétariat à souffrir les privations et à courir les dangers d'une action énergique contre le pouvoir central [1].

Que ce soit la pitié pour des opprimés à secourir, que ce soit l'indignation soulevée par une mesure imprévue, que ce soit encore le désir spécial d'une réforme qui soulagera une situation intolérable, il faut un ferment moral qui fasse lever la volonté des masses et qui les arrache à leur apathie trop coutumière. Le véritable objet du soulèvement, d'un caractère plus terre à terre, ne suffirait probablement pas à déterminer l'enthousiasme.

Dès lors que la nécessité de ce mobile passionnel, si l'on peut dire, est établie, on comprendra facilement combien en deviennent plus difficiles encore la possession de soi-même, et le sang froid absolu si justement recommandés aux grévistes. Il leur faudrait à la fois être soulevés par la passion et maîtres d'eux-mêmes !

II. — La période de réalisation.

Il est impossible de donner sur la réalisation même de la grève générale des indications précises. Les événements sociaux nouveaux sont imprévisibles et l'expérience a montré combien peuvent se tromper les prophètes les plus réservés. Ici, d'ailleurs, la marche des événements variera suivant l'objet et le caractère de la grève générale. Une grève générale révolutionnaire d'un caractère nettement politique, ayant

1. Edouard Bernstein. *Socialistische Monatshefte*. Janvier 1905.

pour objet le renversement de l'ordre social, entreprendra les hostilités avec des allures différentes d'une grève générale ayant un but spécial et restreint. Sans doute l'une et l'autre consisteront dans leur manifestation première en un arrêt de toute activité ouvrière, mais les attitudes des deux adversaires seront, dès le lendemain de l'ouverture des hostilités, bien différentes suivant le vrai caractère de la grève.

On a cherché cependant à en donner des descriptions. Celle de Karl Kautsky compte parmi les plus claires [1] ; en voici quelques passages :

« Toute la production est suspendue partout à la fois, les masses ouvrières sont versées à la rue ; la masse de la petite et de la grande bourgeoisie tombe dans une angoisse folle, angoisse pour sa vie, angoisse pour ses propriétés ; toute la force armée est contrainte à une activité continue, exténuante, car chaque possédant dans le pays réclame protection et la masse des travailleurs en chômage est partout et nulle part, évitant toute rencontre avec les troupes et ne se rassemblant que là où elles ne sont pas... Chaque journée multiplie le nombre des points critiques, aggrave le surmenage des troupes, porte à l'extrême les souffrances et l'exaspération des grévistes, l'épouvante des possédants, la confusion des dirigeants... »

---

1. La place nous manque pour en donner ici la citation intégrale. Nous renvoyons nos lecteurs au nº 139-140 du *Mouvement Socialiste*, pages 459 et suivantes.

Nous ne pouvons nous étendre longuement sur ce point spécial, car la suite des faits qui caractériseront la réalisation de la grève générale est du domaine de l'histoire et ne peut en aucune manière être prévue par la logique ou le raisonnement. Kautsky l'écrit lui-même dans l'étude citée plus haut : « Dans tout mouvement important que nous entreprenons, le début seul est à notre merci. Ce qui adviendra dans la suite dépend non pas exclusivement de nous, mais aussi beaucoup de nos adversaires. » Toute tentative de description de la grève générale est donc une œuvre de pure imagination, donc sans intérêt social.

*
* *

Il est cependant une question des plus importantes dont l'examen trouve ici sa place : c'est la durée que doit avoir la grève générale. Nous l'avons déjà signalé, c'est la première idée qui vienne au début de l'examen de la théorie de la grève générale ; si tout travail, tout échange, tout transport sont suspendus, la vie est arrêtée, et dans tous les lieux où la nourriture n'est pas produite sur place — dans les villes, par exemple — les grévistes ne pourront vivre que des réserves. Etant donné le nombre des bouches à nourrir, ces réserves seront rapidement épuisées. Si d'ailleurs, — ce qui sera presque toujours le cas —, ces réserves n'appartiennent pas aux organisations ouvrières, il est vraisemblable que les détenteurs capitalistes (sociétés

d'alimentation, épiciers, entrepositaires, etc.),
ne les livreront pas aux grévistes, même à des
prix élevés, puisqu'ils auront ainsi le moyen
d'exercer une pression considérable sur les
chômeurs. Si donc ces derniers veulent que la
grève reste la révolution pacifique dont on
nous a parlé, ils se trouveront dans l'obligation
de souffrir de la faim auprès de réserves importantes. A supposer même qu'ils franchissent
cette barrière qui doit théoriquement séparer
la grève générale de l'insurrection, ils se pro-
cureront simplement les aliments suffisants pour
quelques heures ou quelques jours et se trouveront peu après dans la même situation.

C'est pour des considérations de cet ordre
que la majorité des théoriciens de la grève
générale est d'avis qu'elle ne peut durer plus
d'une semaine sans courir les plus grands dangers.

Mais cette constatation paraît bien avoir pour
conséquence l'impossibilité d'un succès par ce
mode d'action.

Peut-on croire, en effet, que les industriels
courent le moindre risque à ce que leurs ouvriers s'arrêtent de produire pendant huit, même
quinze jours ? Surtout si toute l'industrie se
trouve à la fois atteinte du même mal, la cessation de tout travail amenant un arrêt forcé
dans toutes les opérations d'échange, de banque,
de paiement, etc., cet arrêt n'entraînera même
pas la chute des moins solides entreprises, car
elles se retrouveront à la reprise du travail dans
la même situation financière où elles se trou-

vaient au moment de l'arrêt. Et si la crise gréviste ne prend pas un caractère insurrectionnel, les huit ou quinze jours de grève équivaudront à un congé ou à un chômage ordinaire.

Si d'ailleurs la crise se prolongeait au-delà et atteignait une durée d'un mois ou deux par exemple, la situation de la population serait à comparer à celle d'une ville assiégée dans laquelle toute la population valide employée à la défense ne peut se consacrer à la production. Toutes les classes de la société, réduites à une alimentation rudimentaire, auraient beaucoup à souffrir de privations momentanées, mais on ne voit pas en quoi cette situation pourrait modifier la nature des choses économiques au lendemain de la crise, et en particulier la puissance et la possession du capital; l'arrêt du travail pourrait gêner certaines entreprises, amener des dégâts importants dans les établissements dont le matériel nécessite un entretien suivi, — à supposer que l'on ne puisse pas trouver parmi tous les prolétaires des manœuvres disposés à assurer ce service moyennant un fort salaire ; — mais, si la grève générale reste la révolution des bras croisés, si elle ne dégénère pas en une insurrection violente, on ne voit pas comment un arrêt de quinze, trente, soixante jours même pourrait apporter dans le régime industriel, dans le système social actuel, d'assez profonds changements pour en déterminer la chute.

III. — Après la grève générale

L'examen des faits qui suivront la grève générale, est, lui aussi, du domaine de l'imagination : les éventualités sont si nombreuses, que l'exposé en serait infiniment long et fastidieux. Quelques observations générales peuvent cependant être faites.

Une grève générale révolutionnaire couronnée de succès n'aura de résultats définitifs que si la classe ouvrière est intellectuellement et moralement assez mûre pour prendre et conserver la direction politique, économique et sociale à la satisfaction de tous, et cette maturité ne lui viendra qu'après une longue préparation.

Si la grève générale révolutionnaire, au contraire, se termine par une défaite ouvrière, elle aura vraisemblablement pour le prolétariat les conséquences les plus pénibles et déterminera dans les conditions matérielles et morales de son existence un recul durable.

Quant à la grève politique, sa portée dépend surtout de la force respective de la bourgeoisie et de la classe ouvrière. Elle peut par surprise arracher à l'État une réforme, mais celle-ci restera lettre morte si le gouvernement se ressaisit et témoigne après la grève de l'énergie qui lui manquait au moment des hostilités.

De même, une défaite n'atteindra que légèrement la classe ouvrière, si elle est assez maîtresse d'elle-même pour ne pas se laisser désorganiser au cours de la retraite.

La grève générale doit avoir pour champs d'action tous les domaines de l'exploitation capitaliste, agriculture, industrie, commerce. C'est là un point qui paraît échapper à plus d'un des partisans de la grève générale, qui semblent circonscrire le problème à la seule industrie centralisée. La grève générale consiste cependant dans l'arrêt de l'activité de tous les salariés, de tous ceux qui travaillent pour le compte d'autrui. Il est donc important de rechercher quelle est la proportion des producteurs salariés par comparaison aux producteurs indépendants, qui travaillent seuls pour leur propre compte ou qui exploitent des tiers, — en un mot, quel est le rapport entre le nombre des ouvriers et celui des patrons, grands ou petits.

On a fait pour l'Allemagne, en 1895, une intéressante statistique [1] relative à cet ordre d'investigations. Voici brièvement résumés les chiffres obtenus.

Pour 2 1/2 millions de fermiers indépendants, on ne comptait que 5 1/2 millions de salariés : le plus grand nombre des premiers exploitaient eux-mêmes avec le concours de leurs proches. Une grève générale qui réduirait à l'inaction la totalité des salariés agricoles n'atteindrait donc que quelques grandes entreprises à personnel nombreux. La plupart des petits propriétaires continueraient à produire et suffiraient vraisemblablement à maintenir

---

1. Paul Kampffmeyer, *Socialistische Monatshefte*, novembre 1904.

même seuls les champs en bon état, si l'on
ne suppose pas à la grève une longue durée.

A la même époque, l'industrie et les métiers
allemands comprenaient encore 1,237,349 entreprises (61 0/0 du chiffre total) qui n'occupaient qu'une seule personne : le propriétaire.
Le nombre des industries occupant un ouvrier
en plus du patron représentait encore 16,4 0/0
des personnes occupées dans l'industrie. Enfin
les entreprises occupant plus de 6 personnes ne
représentaient que 7,3 0/0 du chiffre total des
entreprises industrielles et commerciales, et
60,1 0/0 du total des salariés de l'industrie.

Dans cette dernière catégorie un groupe
relativement restreint comprenait les établissements à personnels importants, supérieurs à
50 ouvriers, et occupait une totalité de 2,9 millions d'ouvriers.

Dans le commerce, la situation est la même :
les petits commerçants sont proportionnelle-
ment plus nombreux que les petits industriels.
Il y avait en 1895, 62,8 0/0 des entreprises qui
n'employaient qu'une personne, comprenant
29,9 0/0 du personnel total occupé dans le né-
goce ; 32 0/0 des entreprises occupaient 2 à 5 personnes représentant 40,9 0/0 du personnel total.

Pour les transports, les chemins de fer cen-
tralisés entre les mains de l'Etat, jouent aujour-
d'hui le rôle capital ; mais il ne faut pas oublier
qu'il existe encore beaucoup de petites entreprises de transports à chevaux, qui au moment
d'une grève pourraient jouer éventuellement
un certain rôle.

Les chiffres qui précèdent sont déjà anciens et ne s'appliquent qu'à un pays, mais ils sont suffisamment explicites pour attirer l'attention sur ce fait que, parmi les personnes occupées dans l'un quelconque des domaines de l'activité économique contemporaine, les salariés des entreprises centralisées ne représentent qu'une certaine proportion. Bien que la concentration de la production se soit accentuée depuis 1895, il n'en est pas moins vrai qu'il existe encore un nombre important d'artisans, commerçants, agriculteurs isolés qui pourraient, en cas de cessation absolue de tout travail dans les grandes entreprises, assurer au moins en partie et pour un certain temps le nécessaire à la consommation.

Ici encore, à examiner les choses dans le détail de leurs possibilités, nous voyons que la grève des salariés industriels, agricoles ou commerçants gênerait sans doute la société et arrêterait momentanément le libre exercice de la civilisation moderne pour y substituer la vie rudimentaire et simple des siècles passés. Mais on ne peut saisir comment la classe ouvrière, par cet arrêt du travail pendant quelques jours, pourrait, si elle se borne à ce rôle purement négatif, modifier en quelque chose l'organisation économique de la société contemporaine.

V

LES TENTATIVES

— APERÇU HISTORIQUE —

La grève générale a déjà une histoire : cinq tentatives en ont été faites ; deux en Belgique, une en Suède, une en Hollande et la dernière en Italie.

Il ne peut entrer dans le cadre de ce travail d'examiner ces diverses manifestations de la révolte populaire dans leur détail, bien qu'une étude de ce genre soit fructueuse en enseignements vécus.

Mais il est bien difficile de se faire une idée objective et dénuée de toute passion sur des événements qui se sont passés il y a peu de temps, et de conclure des effets qu'on leur suppose à une condamnation ou à une approbation des méthodes dont ils sont l'application. Le danger est si grand, la tentation si naturelle de considérer comme liés par un rapport de cause à effet des événements qui se sont produits dans un même ordre d'idées à quelque temps d'intervalle l'un de l'autre et dont pourtant l'interdépendance est absolument impossible à établir.

Au lendemain, par exemple, de la deuxième grève générale de Belgique, l'agitation en faveur du suffrage universel diminua sensiblement dans les milieux populaires. Les adversaires de la grève générale déclarèrent à mainte reprise que cette détente si funeste au développement de la propagande était due à l'insuccès de la grève. Ses partisans répondirent qu'au contraire le rejet par la Chambre de la proposition libérale-socialiste sur le suffrage universel aurait eu le même effet. — D'autres enfin firent remarquer que jamais aucun mouvement de propagande ne peut se maintenir longtemps à son apogée ou progresser perpétuellement, et qu'il est dans l'ordre des choses que l'enthousiasme et l'activité populaires passent par des périodes successives d'ascension ou de déclin.

Prendre parti dans des questions de ce genre, lorsqu'on ne connaît pas le fond des détails, c'est risquer de se tromper lourdement ; et d'ailleurs, exposer les faits sans leurs causes ou leurs conséquences morales et sociales, c'est présenter un exposé incomplet. Pour saisir, dans son ensemble et dans toute sa portée, un mouvement populaire comme celui de la grève générale, il faudrait l'avoir vécu dans tout son détail ; pour l'exposer avec quelque part de vérité, il faudrait en écrire l'histoire documentaire, en tenant compte des tendances générales et particulières. des passions des partis et des individus, de la situation ouvrière au point de vue économique, social et politique, en un mot de tout cet ensemble de faits et de pensées complexes qui constituent un moment de l'Histoire contemporaine. On comprendra donc que ce soit avec une extrême réserve que nous dirons ici quelques mots des cinq tentatives de grève générale que compte déjà l'histoire du prolétariat international.

*
* *

A titre de remarque préliminaire, il convient de signaler ici qu'aucune de ces grèves politiques n'a eu ou cherché à avoir le caractère de révolution sociale qui, pour certains partisans de ce mode d'action prolétarienne, est dans la théorie, indissociable de l'idée de grève générale. Elles se sont toutes bornées à être des manifestations contre certains abus des classes possédantes et de l'État, ou à exercer sur ces derniers une pression en vue d'obtenir un avantage politique (le suffrage universel dans trois des cas).

I. — La grève de Belgique de 1893 fut la première grève politique [1]. L'organisation économique et politique du prolétariat belge était peu développée à cette époque, mais au cours de la campagne acharnée pour le suffrage universel qui avait précédé la grève les prolétaires belges avaient appris d'une part à concentrer leurs efforts sur un point unique, d'autre part à suivre avec confiance la direction du Parti ouvrier.

Le motif de la grève — le suffrage universel

1. Rapport de la citoyenne Roland-Holst au Congrès d'Amsterdam, *Mouvement socialiste*, nᵒˢ 139-140.

— était d'ailleurs de nature à enthousiasmer particulièrement les masses populaires : préparées par une longue propagande, elles entreprirent la grève dans des conditions particulièrement favorables au succès. L'effet moral produit sur la bourgeoisie par l'arrêt de toute l'activité ouvrière fut complet.

Pour la première fois, le prolétariat avait recours contre l'État à cette arme mystérieuse d'une portée inconnue ; et les possédants en conçurent une grande frayeur. Il faut remarquer d'ailleurs que la haute industrialisation du pays rendait la Grève générale plus menaçante qu'ailleurs. La bourgeoisie résista avec quelque indécision ; elle redoutait si vivement la révolution, qu'elle préféra faire la concession demandée.

Le résultat de la grève générale fut l'obtention du vote universel, mais plural.

II. — La grève générale de Belgique de 1902, qui avait le même objectif que la première, fut plus étendue que celle de 1893, et comprit 300,000 ouvriers. Le prolétariat était mieux organisé, mieux préparé à la lutte, et cependant il n'obtint aucun résultat satisfaisant. Alors, en effet, que les classes possédantes avaient tremblé en 1893 devant le mouvement gréviste dont elles ignoraient la valeur exacte, elles se montrèrent, au contraire, à la seconde tentative, bien préparées à la lutte ; connaissant l'arme dont on les menaçait, elles ne s'en effrayèrent pas. Tous les moyens de répression et de défense dont elles disposaient pour annuler les effets de la grève furent mis en pratique avec succès. Le mystérieux prestige de la grève avait disparu, et les dirigeants s'étaient rendu compte qu'ils pourraient venir à bout de ce mouvement ouvrier par l'audace et par la force.

La seconde grève de Belgique, si elle fut infructueuse comme résultat immédiat, fut cependant d'un grand exemple pour le prolétariat international par la manière dont la retraite fut exécutée. Le prolétariat belge, après la défaite, se replia en parfaite discipline. Et cette discipline même constitua la garantie des ouvriers à l'égard des patrons qui n'exercèrent que peu de réprésailles, reprenant chez eux les grévistes. On eut, hélas ! à regretter les victimes des fusillades de Bruxelles et de Louvain, exécutées par les gardiens de l'ordre ; mais ce ne furent là que les suites malheureusement trop fréquentes des mouvements de foules et des agitations intérieures. La situation politique du socialisme n'en fut pas atteinte ; dans l'ensemble du pays, les élections qui suivirent marquèrent une augmentation de 16,000 suffrages ; l'agitation en faveur du suffrage universel en fut, il est vrai, un peu calmée, mais rien ne permet d'affirmer que la grève en fut la cause.

III. — La grève générale de Suède fut expressément annoncée comme un moyen de *démonstration* et non pas comme un moyen de *pression*. Elle éclata également à l'occasion du suffrage universel, au cours de la discussion des divers projets de lois. « Les ouvriers suédois voulaient

montrer par ce moyen qu'ils ne renonçaient pas
encore au suffrage universel, mais à leur salaire
pendant les journées si importantes pour eux
où les projets étaient débattus à la Chambre et
qu'ils voulaient concentrer tous leurs intérêts
sur la grande question politique. » D'ailleurs il
fut fixé d'avance que la grève se terminerait
avec les débats parlementaires. Elle ne devait
donc durer que quelques jours.

Le résultat de la grève fut un compromis
assez satisfaisant pour la classe ouvrière, puisqu'il eut pour résultat le rejet de toutes les pro-
positions de loi et l'invitation faite par le Parlement au Gouvernement de présenter, dans un
délai de deux années, un nouveau projet sur la
question.

« La grève de Suède ne fut certainement pas
moins étendue que celle de Belgique. A Stock-
holm, non seulement les fabriques et l'industrie du bâtiment se trouvèrent arrêtées, mais
également les ouvriers des tramways, des usines
à gaz et de la voirie cessèrent le travail. Aucun
journal bourgeois ne put paraître. La grève,
quoiqu'annoncée comme démonstration seulement, enraya considérablement la vie économique et causa de sérieux désagréments à la
population. »

Hjalmar Branting, l'un des chefs du Parti
socialiste suédois, fait remonter le succès en
grande partie à ce fait que la grève fut déclarée
à l'improviste et que la bourgeoisie fut prise au
dépourvu : « Nous devons avoir à compter,
ajoute-t-il, avec des mesures de vengeance bien

plus sévères de la part des patrons une prochaine fois. Il est vraisemblable en effet qu'une entreprise de ce genre n'aura pas deux fois la même portée. »

IV. — La grève générale hollandaise, déclarée après la grève victorieuse des ouvriers de chemins de fer (31 janvier 1903), eut pour motif le projet de loi présenté par le ministère Kuyper, portant une punition de plusieurs années de prison pour les ouvriers des chemins de fer qui se mettraient en grève, et empêchant le « picketing » pour tous les ouvriers. À cette menace du gouvernement, la classe ouvrière entendit répondre par un acte général de défense, mais l'organisation du mouvement laissa beaucoup à désirer; le succès de la grève des chemins de fer et des dockers d'Amsterdam, avait naturellement disposé les ouvriers à s'exagérer leurs propres forces. Les éléments libertaires prêchaient la grève générale comme le moyen assuré du succès. Aussi bien la classe ouvrière, dénuée presque totalement de droits politiques et électoraux, n'était que trop portée à suivre ces conseils dangereux. En effet « un quart à peine des ouvriers possède le droit de vote; il est donc impossible pour le prolétariat de se venger sur les auteurs des lois scélérates et de renverser le ministère réactionnaire. »

Dans les pays où le parlementarisme est peu ou pas développé, la tentation est grande pour le prolétariat de se servir de l'arme de la grève générale pour obtenir une partie au moins des droits que la légalité bourgeoise ne lui a pas encore accordés.

Le complet insuccès de la grève de Hollande s'explique par le fait qu'elle ne fut pas commencée par tous les corps de métiers en même temps. Les ouvriers des chemins de fer et des docks devaient primitivement seuls cesser le travail ; mais lorsqu'il apparut que leur tentative avait échoué, l'extension de la grève à d'autres métiers fut déclarée. Au jour où l'on décida la reprise du travail, la grève n'était pas encore devenue générale, sauf pour la ville d'Amsterdam. « Là même, elle fut si désordonnée, que, quoique 30,000 ouvriers y fussent engagés, c'est-à-dire au moins 10,000 de plus qu'à Bruxelles en 1902, la bourgeoisie ne souffrit point de grands désagréments. »

Le manque d'organisation fut le vice fondamental de cette tentative ; le mélange des représentants socialistes, anarchistes et syndicalistes à outrance, au sein du comité de la grève, ne pouvait déterminer un milieu uni, une entente nécessaire. « Mentionnons encore, qu'une assez grande partie des ouvriers, ceux appartenant aux organisations confessionnelles, appuya ouvertement le Gouvernement, et que celui-ci, d'autre part, averti par la grève des transports du 31 janvier, eut le loisir de prendre, entre cette date et les premiers jours d'avril, les mesures militaires et autres qu'il jugeait nécessaires contre la grève générale. »

Les conséquences de cette grève dans le sein même du Parti furent déplorables, car les éléments anarchistes, partisans passionnés de la grève générale, prétendirent rendre les socialistes responsables de l'insuccès et dirigèrent contre eux des accusations calomnieuses. Ce furent surtout les organisations syndicales qui en pâtirent : elles furent désertées par un grand nombre d'adhérents. Cette division du parti ouvrier encouragea les représailles de la classe capitaliste, qui fut particulièrement odieuse dans sa vengeance. On comprend facilement que cette triste expérience ait sensiblement diminué les partisans de la grève générale parmi les prolétaires de Hollande ; mais elle leur a enlevé « beaucoup de leurs illusions utopiques, ce qui est un gain ». Le sentiment de l'opposition des classes s'en est accru dans le prolétariat hollandais, et les élections municipales de mai 1904 témoignèrent presque partout de l'augmentation des suffrages socialistes.

V. — La Grève générale italienne[1] de septembre 1904, qui a duré cinq jours, eut pour cause principale l'irritation produite par les massacres ouvriers de Buggeru et de Castelluzzo. Ce fut un mouvement instinctif, spontané, de protestation ; mais une protestation ne

---

1. Cf. Filippo Turati, *Lehren und Folgen des Generalstreikes in Italien*. — Leonida Bissolati, *Das Ergebniss der italienischen Wahlen* dans les *Socialistische Monatshefte* de novembre et décembre 1904. — Enrico Leone, *Mouvement socialiste*, n° 142, 1ᵉʳ novembre 1904. — Oda Olberg, *Neue Zeit*, 26 novembre 1904. — Enrico Ferri. *Il socialismo*, 10 novembre 1904.

constitue pas un mobile suffisant pour un soulèvement populaire fructueux.

L'illusion des grévistes fut la suivante. La marche rapide des événements politiques de 1897 à 1903 avait à grands coups de théâtre transformé l'Italie ; le développement inespéré des organisations ouvrières et la mobilisation des troupes prolétariennes dans une longue série de grèves donnèrent trop de confiance en eux-mêmes à la plupart des nouveaux syndiqués. La conviction se généralisa suivant laquelle à l'action lente de l'éducation intellectuelle et technique des travailleurs, à la préparation profonde des esprits en vue de transformer l'ordre économique actuel, pouvait et devait se substituer l'action énergique, rapide, immédiate, toutes les fois que l'occasion s'en présentait. L'organisation ouvrière avait, aux yeux de bien des militants du parti, atteint déjà une telle force par son nombre et sa cohésion, qu'il lui était permis d'oser beaucoup à l'égard des autres classes, sans trop discuter les moyens d'action.

La grève générale italienne eut la portée d'une révolution manquée et n'eut pour résultat que de raffermir la réaction. La bourgeoisie en conçut au début une crainte assez vive, dont le contre-coup se fit sentir dans le résultat des élections. « Ces dernières furent en somme un retour un peu brusque à la réalité des choses, qui rendit le sens de l'évaluation des forces respectives des partis. Avantage indiscutable en raison des illusions que l'on se faisait sur la valeur d'une méthode d'action qui

est en opposition avec toutes les lois de la vie
et avec tout le processus d'évolution des phénomènes et des faits sociaux[1]. »

Quant à ses conséquences, voici celles qui
lui sont attribuées par Filippo Turati. Nous
les transcrivons ici sous les réserves générales
qui précèdent ce chapitre.

1° Les réactionnaires ont obtenu que l'on
procédât aussitôt à de nouvelles élections, qui,
au lendemain de la grève, devaient se ressen-
tir de la peur rétrospective qu'elle avait fait naître un peu partout ; elles devaient en plus imposer au gouvernement une politique antilibérale.

2° L'extrême gauche du Parlement fut divisée : les radicaux se détachèrent des socialistes.
Dans quelques villes, les administrations municipales ont supprimé les subsides qu'elles
fournissaient aux bourses du travail, etc. Il est
très probable, pour ne pas dire sûr, qu'une
nouvelle loi interdira le droit de grève dans les
services publics. Les socialistes qui ont pu
jusqu'ici s'opposer avec succès à cette mesure
seront difficilement en état d'en empêcher l'a-
doption par la nouvelle Chambre. Que l'on
songe à l'exemple de la Hollande, où, après la
grande grève des chemins de fer, une loi sem-
blable fut promulguée.

Les élections ont donné les résultats suivants :

L'extrême gauche a perdu environ 15 sièges.
Les socialistes peuvent se féliciter d'avoir dou-

1. Dott. A. Schiavi dans la *Riforma Sociale* du 15 décembre 1904.

blé depuis 1900 le chiffre des suffrages émis
en leur faveur, mais le nombre de leurs représentants a cependant diminué d'une unité (de
33 à 32). En définitive ce nombre de 32 sera
encore réduit de 4 ou 5 unités à la vérification
des pouvoirs.

Ces appréciations défavorables des socialistes réformistes ne sont naturellement pas par-
tagées par les socialistes révolutionnaires. Cette
grève générale a été, aux yeux d'Enrico Ferri,
historiquement la première affirmation solen-
nelle et directe du prolétariat dans l'existence
sociale de l'Italie, et sa grande signification a
été comme une lueur qui a illuminé les nua-
ges gris et pesants de la vie politique italienne.
Mais il reconnaît qu'une partie du prolétariat s'est exaltée au point de croire que la
grève générale pouvait être un instrument de
conquêtes sociales décisives, alors qu'elle
« n'est qu'une forme efficace et utile de protestation politique grandiose ». Plus enthousiaste
est Enrico Leone, rédacteur de l'*Avanti*, qui
écrivait en octobre 1904 : « La grève générale
a prouvé que le prolétariat n'a plus besoin que
ses délégués dans les assemblées politiques
gaspillent leur temps et leurs forces à soutenir tel ou tel gouvernement bourgeois en vue
de conquérir des droits que la masse saura
bien imposer elle-même d'un jour à l'autre...
Les députés ne doivent pas se laisser museler
par des concessions que le syndicat n'aura
guère de peine à conquérir directement lorsqu'il le voudra. »

CONCLUSION

Il est fort embarassant de donner à une étude comme celle-ci une conclusion positive, car la grève générale est encore trop peu connue dans la pratique pour qu'on en puisse d'une façon certaine et définitive recommander ou condamner l'emploi. Les tentatives qui en ont été faites jusqu'ici n'ont en général pas été satisfaisantes : les circonstances dans lesquelles les unes et les autres se sont produites n'étaient, il faut le reconnaître, guère favorables au succès : entreprises hâtives d'un prolétariat mal ou insuffisamment organisé, elles ne pouvaient pas réussir. L'insuccès de ces quelques expériences ne suffit donc pas à condamner l'emploi de la grève générale pour l'émancipation prolétarienne.

Les discussions théoriques non plus. Certes elles sont nécessaires et les sociologues sont dans l'obligation de suppléer à la pratique par la théorie, à l'action par la pensée, car l'insuffisant examen des données d'un problème social ou d'une méthode d'action peut avoir dans la pratique de graves conséquences. La critique perpétuelle des idées nouvelles, la recherche inlassable des possibilités futures sont indispensables à la découverte de toutes les situations dans lesquelles la classe ouvrière pourra éventuellement se trouver et devra prendre parti. Les chapitres qui précèdent font foi des efforts de tout le socialisme pour prévoir ce que l'avenir peut réserver. Mais ces déductions théoriques, quelque précises et détaillées qu'elles soient, ne permettent pas de découvrir l'évolution des faits sociaux dont la voie capricieuse tourne parfois brusquement dans des directions que nul n'avait pu soupçonner. Ce qui nous paraît aujourd'hui absolument invraisemblable peut devenir dans l'avenir, bientôt peut-être, le possible ou même le vrai.

*
* *

L'idée de la grève générale révolutionnaire est faite de deux idées élémentaires : celle de la cessation de tout travail, représentée comme la seule arme dont dispose le prolétariat contre le patronat ; et celle de l'insurrection contre l'État bourgeois.

La première perd à l'examen beaucoup de la lumineuse clarté dont elle paraît tout d'abord entourée. Exercer une pression générale sur le patronat en cessant unanimement le travail, serait une tentative inutile. Dans les grèves partielles, en effet, ce qui touche le plus vivement le patron, c'est l'arrêt du travail chez lui, alors que tous ses concurrents continuent à travailler, que ses clients continuent à lui demander des marchandises et s'adresseront à d'autres producteurs s'il ne peut les contenter, que toute la vie économique, industrielle, financière et commerciale continue autour de lui, alors que lui seul, par l'arrêt du travail dans son entreprise, est placé dans une situation désavantageuse. Il a donc hâte de se retrouver dans les conditions normales, et ce désir de reprendre la production l'engage à faire à ses ouvriers les concessions qu'ils demandent.

En cas de grève générale, au contraire, tout le monde industriel est brusquement placé dans la même situation : la vie économique est généralement suspendue, toute activité cesse à la fois ; tous les industriels, tous les patrons, tous les possédants sont donc placés, par la force des choses, dans les mêmes conditions. Au lendemain de la déclaration d'une grève générale importante et durable (en la supposant possible), le premier soin du Gouvernement serait d'édicter, — comme il le fit lors de la Commune de Paris —, que le règlement de toutes les dettes en cours serait remis à quelques jours ou semaines après la cessation de la grève : qu'en un mot le crédit serait momentanément suspendu, puisque la vie économique dont il est comme le souffle serait elle-même arrêtée.

Il apparaît donc que l'idée de la cessation du travail comme pression exercée sur le patronat semble peu consistante et doit par conséquent être mise de côté.

*
* *

En est-il de même de l'idée de l'insurrection ?
Il faut le dire sans crainte, l'idée de l'insur-

rection est indispensable à l'heure actuelle au mouvement ouvrier. Toutes les nuances du Parti socialiste le reconnaissent, et si personne ne peut deviner les formes qu'elle prendra dans l'avenir au jour où elle se manifestera dans la réalité sociale, personne n'ose s'élever délibérément contre elle.

Les partisans de la grève générale ont déclaré qu'elle était synonyme de révolution, et les discussions du congrès de Paris en 1900 font foi que l'idée de l'insurrection est à leurs yeux la caractéristique de la grève générale « qui doit être révolutionnaire et expropriatrice ».

Les socialistes réformistes ou évolutionnistes eux-mêmes, qui ont souvent par de scrupuleuses argumentations critiqué le dogme de la révolution, ne sont pas fondés à affirmer que l'évolution sociale et l'avènement d'une société communiste, quelle qu'en soit la forme, pourra et devra se faire sans aucun recours à la violence.

C'est ainsi que, après avoir sapé les bases de la grève générale, seule forme actuelle de l'idée révolutionnaire, en en discutant les probabilités, les difficultés et les dangers, les réformistes les plus convaincus font un retour sur leurs critiques et déclarent que la grève générale ne doit pas être définitivement rejetée de l'arsenal socialiste. Les déclarations de Jaurès dans la *Petite République*, de Destrée dans le *Mouvement Socialiste*, de Bissolati et de Turati dans les *Socialistische Monatshefte*, celles encore de Legien dans son rapport au Congrès international de 1900, ne peuvent laisser aucun doute à ce sujet. Ce que les uns et les autres respectent dans la grève générale, ce qu'ils ne peuvent ni ne veulent atteindre par une attaque définitive, c'est le symbole de l'émancipation par l'insurrection.

Il ne s'agit pas ici des théories vagues et déclamatoires du révolutionnarisme classique, dont la critique a fixé la juste valeur. Il s'agit de l'emploi éventuel de la violence par la classe ouvrière, à un moment ou à un autre de son évolution, de l'acte brutal de la crise qui viendra parachever le travail et les efforts préparatoires.

Les formes de cette manifestation violente sont imprévisibles et demeurent dans une indétermination nécessaire, mais son principe reste. Il reste d'abord pour des considérations de pratique politique, en raison de la propagande concurrente. La citoyenne Sorgue exprimait au congrès de Lille de 1904 la pensée de tous, — révolutionnaires et réformistes —, lorsqu'elle s'écriait en réponse à Jules Guesde : « Si la grève générale est rayée de notre tactique, les travailleurs se détourneront de plus en plus du Parti et passeront à l'anarchisme. » C'est à ces mêmes préoccupations que répondaient les paroles de Briand au Congrès d'Amsterdam, lorsqu'il disait en terminant son discours : « Demandez-vous quel usage on fera demain de la résolution que vous aurez prise. »

Mais le principe de l'insurrection, — quelles

qu'en soient les utilités politiques présentes —,
demeure pour des motifs d'ordre historique et
social. Il semble bien que la théorie de Marx
soit toujours vraie, d'après laquelle la violence
est l'accoucheuse de toute société nouvelle.
« Nulle classe dominante ne renonce de bon
gré au pouvoir », encore moins à la propriété.
Il paraît inadmissible que l'exercice normal du
parlementarisme et des moyens légaux puisse
un jour aboutir à une dépossession pacifique
et que la majorité des non-possédants puisse
par un vote — direct ou indirect, par l'organe
de ses représentants — déterminer le retour
à la communauté de toutes les propriétés
privées. Et il paraît encore plus inadmissible
que, en cas de grève générale, des hommes
qui ont tout à perdre dans la lutte engagée, ne
tiennent pas à faire l'épreuve de la force qui
leur est opposée, que des possédants aban-
donnent leurs propriétés sans les avoir défen-
dues pied à pied. Il faudrait pour cela, du côté
des grévistes, un mouvement formidable dans
sa généralisation, une supériorité écrasante,
évidente pour tous ; du côté des capitalistes,
une appréciation exacte et raisonnée de la puissance du mouvement populaire, et un sentiment intime de leur propre faiblesse ; conditions bien difficiles à réaliser.

Il est d'ailleurs à supposer que, dans tous les
cas, même si la situation paraissait très défavo-
rable au succès, les classes possédantes jouant
le tout pour le tout, auraient recours aux
moyens extrêmes. Les vraisemblances sont donc

pour la résistance armée des possédants. Les grévistes devront en conséquence agir révolutionnairement, et ne pourront manifester leur puissance que par la violence.

Sans doute on peut soutenir avec Kautsky « que la connaissance de l'existence des instruments de force préparés par la classe montante peut parfois suffire à décider une classe descendante à négocier pacifiquement avec l'adversaire parvenu à la prépondérance ». Mais il faut pour cela que cette prépondérance repose sur des bases si solides et si visibles qu'un mouvement insurrectionnel ne pourra que bien rarement en établir de semblables en quelques jours d'action.

Nous sommes loin, on le voit, de cette « révolution légale » par laquelle Briand définissait la grève générale. La formule était évidemment originale, mais elle n'était en réalité qu'un simple jeu de mot. La légalité dont on parle ici en effet n'est que la reconnaissance d'un droit par le Parlement ou par l'État. Tout droit reconnu par la société, ou par ses représentants à une classe de citoyens peut à un certain moment leur être supprimé. Que le droit de grève soit aujourd'hui retiré à la totalité ou à une partie de la classe ouvrière : la légalité d'hier deviendra l'illégalité de demain. D'ailleurs, dès l'instant où une grève générale prendrait une portée nettement révolutionnaire et menacerait sérieusement l'ordre social actuel, tous les droits civiques seraient suspendus par l'État bourgeois et la fugitive légalité bourgeoise serait remplacée par l'état de siège. Dès ce moment, la grève générale serait toujours la révolution, mais elle ne serait plus légale.

**

A la question de savoir si la grève générale est actuellement réalisable, s'il faut en propager le culte et la foi dans la classe ouvrière, s'il faut placer en elle tous les espoirs de demain, la réponse doit certainement être négative. La grève générale révolutionnaire est aujourd'hui impossible à réaliser, d'une part parce que la classe ouvrière est mal organisée, mal disciplinée, ne dispose ni des forces morales, ni des ressources matérielles nécessaires pour assurer le succès ; d'autre part, parce que l'État bourgeois est toujours trop puissant et les classes possédantes trop unies dans leur communauté d'intérêts pour que le bloc des puissances combinées de l'État et du Capital ne puisse victorieusement tenir tête à l'effort encore maladroit du prolétariat.

Les récentes tentatives de grèves générales ont ouvert les yeux des gouvernants, qui ont fait connaissance avec la terrible entreprise dont on les effraya pendant quelques années : ils savent que la foule ne résiste ni à la force armée ni à la faim, et, comptant sur ces deux puissantes alliées, ils restent sans crainte.

Mais comme tendance d'avenir, la grève générale ne peut pas être absolument rejetée, car elle est le symbole actuel de l'insurrection populaire.

Ce que nous conservons donc de la théorie de la « révolution pacifique et légale », ce n'est pas le caractère pacifique et légal, qui distinguait seul la grève générale des anciennes formes de révolte, mais le caractère proprement révolutionnaire et insurrectionnel qui paraît inséparable de toute transformation sociale profonde.

En tous cas, la prétention des partisans de la grève générale de ramener tout le mouvement socialiste à cette seule et unique forme d'action est inacceptable et dangereuse.

Ce qui fait la force et l'originalité du socialisme contemporain, c'est la diversité infinie des domaines dans lesquels il exerce son influence. On le retrouve apôtre de la liberté, de la justice, de la dignité humaine, dans le domaine intellectuel, moral, artistique, international, ou purement matériel et économique. Quel danger ce serait pour lui, pour le développement de sa puissance, de rompre tous les liens qui l'unissent à la vie contemporaine et qui font de lui comme l'âme nouvelle de l'humanité, pour le rabaisser au simple rôle d'un organe exclusivement économique, d'une intelligence uniquement occupée de la défense des intérêts matériels d'une seule classe. Si la prédominance même de ces derniers dans la vie sociale contemporaine est indiscutable, il faut aussi au socialisme une vie intellectuelle et esthétique, une activité créatrice de beauté et de bonté, qui doit faire de la question sociale, non pas seulement « une question de ventre », mais aussi une question de cœur et d'intelligence.

*
* *

Si la grève générale révolutionnaire ne peut pas être considérée comme actuellement réalisable et doit en conséquence être exclue des pratiques recommandées pour l'émancipation prolétarienne, il n'en est pas de même des grèves généralisées. De récentes tentatives ont montré toute l'ampleur que pouvaient atteindre les mouvements ouvriers de ce genre et quelle pression ils pouvaient exercer sur le capital. Sans doute, les grèves formidables qui font sortir de l'usine ou de la mine des dizaines et parfois des centaines de milliers d'ouvriers manquent encore de la précision et de la sûreté qui ne s'acquerront qu'avec le temps et la pratique.

Mais il faut reconnaître que la tâche des chefs est particulièrement lourde, car ils doivent tout à la fois subvenir aux besoins matériels et moraux de leurs troupes, suivre les opérations de l'adversaire et lui tenir tête. Souvent déjà ils se sont laissé tromper au cours des négociations ou décourager pendant le combat. Mais on n'apprend pas en un jour à lutter avec la puissance capitaliste et ce n'est que peu à peu que la classe ouvrière aura les chefs compétents, intelligents, calmes et maîtres d'eux-mêmes dont elle a besoin. Aussi bien, la pratique des grèves corporatives généralisées n'aura son plein effet que lorsque la classe ouvrière sera solidement organisée.

Mais ce jour-là même, ni la grève générale, ni les grèves généralisées n'auront leur raison d'être, car l'organisation ouvrière aura une puissance suffisante pour imposer ses volontés au capitalisme. Elle représentera la masse, le nombre, une si importante majorité que la minorité de capitalistes et d'industriels qui abusent d'elle aujourd'hui ne sera pas en mesure de lui résister.

Certes cette organisation sera longue, elle nécessitera des efforts immenses. Elle témoigne déjà de son existence un peu partout ; les grèves de tous genres seront tout ensemble de précieuses leçons pour la classe ouvrière et des atteintes parfois sensibles à l'industrie capitaliste. Les grèves généralisées en particulier, entreprises avec le concours financier d'une proportion toujours grandissante de la classe ouvrière solidaire, acquerront de plus en plus ce double caractère organisateur de la classe ouvrière et destructeur de l'industrie capitaliste.

L'objet des efforts de la classe ouvrière, en effet, est de déterminer dans le régime économique actuel une transformation profonde qui substituera à l'exploitation au profit d'un seul l'organisation coopérative ou communiste de la production.

Si les patrons tiennent à la possession de leur industrie, c'est parce qu'elle leur assure un gain important. Le jour où ce gain n'existerait plus, la propriété individuelle des moyens de production n'aurait plus aucun intérêt, et les industriels, commerçants ou agriculteurs se désintéresseraient rapidement de leurs propriétés qui ne leur rapporteraient plus que déboires et soucis.

Or la situation actuelle de l'industrie mondiale est telle que, malgré les débouchés nouveaux, la production dépasse, non pas les besoins de la consommation qui sont immenses, mais la puissance d'achat du public. Cette surproduction d'objets fabriqués qui ne peuvent pas être absorbés à des prix rémunérateurs par la consommation payante est le mal dont souffre de nos jours l'industrie et dont elle souffrira vraisemblablement de plus en plus. Elle a pour conséquence la réduction sensible du bénéfice, si sensible même dans certaines industries que tout profit y disparaît. La situation est donc particulièrement difficile pour l'industriel qui espère toujours par des perfectionnements ou des modifications de tous ordres transformer avantageusement les conditions de sa production, et qui chaque jour se trouve en face d'une nouvelle concurrence menaçante, dangereuse.

Dans ces circonstances critiques, la quiétude du côté de la main d'œuvre, la sûreté du lendemain sont des conditions nécessaires à l'industrie capitaliste. Si aux difficultés extérieures de la concurrence viennent encore s'ajouter les difficultés ouvrières, la situation n'est plus tenable et l'industriel abandonne volontairement une entreprise qui ne lui cause que des pertes : il liquide au mieux, ou, s'il n'a pas une base financière solide, il est contraint à la liquidation judiciaire ou à la faillite.

Ainsi conçue et appliquée, la grève corporative généralisée ne serait pas autre chose qu'une intervention ouvrière destinée à aggraver les conditions déjà critiques, dans certains cas, de l'industrie privée, et d'en précipiter la chute. Ce mode d'action gréviste serait impossible dans les pays où l'industrie est monopolisée et financièrement très solide comme en Amérique. Mais là où la production est répartie en de nombreuses entreprises indépendantes, l'action serait certainement efficace.

*
* *

La conséquence nécessaire, le contre-coup obligatoire de cette pratique gréviste seraient particulièrement douloureux pour la classe ouvrière. L'affaiblissement et, dans certains cas, la disparition d'usines nombreuses détermineraient inévitablement le chômage et la misère ouvrière, et les effets de la mauvaise situation de l'industrie se feraient sentir autant parmi les travailleurs que parmi les patrons.

C'est là une conséquence effrayante à laquelle cette pratique des grèves généralisées conduirait certainement la classe ouvrière.

Certes, nous sommes loin de la belle simplicité de la grève générale qui, brusquement, par une subite action contre les possédants et contre l'État, doit en peu de jours, sans coup férir, réaliser pleinement le programme du socialisme : conception trop simple pour être vraie. La question sociale est compliquée et touffue, les intérêts qui s'y opposent sont innombrables et les solutions simples que l'on y propose sont toutes schématiques et incomplètes.

Il paraît donc vraisemblable que le passage de l'état capitaliste à l'état socialiste ne pourra se produire que par une crise aigüe au cours de laquelle le prolétariat aura cruellement à souffrir.

La question qui se pose, en conséquence, à la classe ouvrière est particulièrement angoissante, car il faut qu'elle se décide entre les alternatives suivantes : ou bien se contenter de sa situation actuelle, et se faire l'auxiliaire du régime industriel capitaliste en acceptant les réductions de salaires, les chômages fréquents, les privations multiples, mais en conservant cependant le minimum nécessaire à la vie ; ou bien profiter de la crise chaque jour croissante de l'industrie, pour en augmenter encore les difficultés par des grèves répétées, dont le prolétariat sera la première victime, mais qui seront en même temps les accoucheuses de l'avenir.

*
* *

Sans doute cette conception de la pratique des grèves corporatives généralisées n'est pas à l'abri des objections qui sont valables contre la grève générale proprement dite. On peut faire observer que l'application de cette méthode n'aurait d'effet que sur les grandes entreprises centralisées dont elle arrêterait simplement la production, redonnant ainsi leur valeur passée à toutes les petites entreprises.

On peut aussi objecter qu'à la concentration des forces ouvrières correspondrait très probablement la concentration des forces capilistes. A supposer même que la vieille industrie européenne ne soit plus capable de cette union défensive, des entreprises étrangères pourraient se substituer à elle, et par de puissants syndicats financiers, des trusts, résister victorieusement à l'attaque ouvrière.

Les objections sont multiples et la discussion sans bornes. Toutes les conceptions sociales d'avenir, que ce soit la révolution, la grève générale, la grève corporative généralisée, ne sont que des théories d'imagination, plus ou moins contrôlées par la logique des vraisemblances et des probabilités ; mais aucune ne présente un caractère suffisamment scientifique pour réunir tous les suffrages.

Il faudrait, à notre sens, restreindre un peu la place que ces conceptions imaginatives ont prise dans le socialisme : non pas qu'elles soit mauvaises en soi, puisqu'elles mêlent un peu d'espérance et de rêve aux préoccupations souvent fastidieuses de chaque jour ; mais parce qu'elles distraient les militants des problèmes actuels, auxquels elles se substituent parfois complètement, et parce qu'elles sont à la fois un élément de discorde et une cause de désillusion. Pour les esprits des ouvriers généralement peu rompus à la méthode critique, le programme tout agencé de l'évolution sociale que leur présentent les partisans de la révolution, de la grève générale, de l'anarchisme, ou de n'importe quelle théorie, s'impose par sa belle netteté et devient un dogme indiscutable : ils acquièrent une foi ardente dans ces programmes simples qui souvent se réduisent à quelques formules, et leur sincérité est souvent si grande, qu'ils sont portés à suspecter de tiédeur ou de trahison tous ceux qui ne pensent pas comme eux : il n'est pas besoin de rappeler ici les fréquentes scissions qui, pour des motifs de pure théorie, ont ralenti d'une manière si regrettable le mouvement ouvrier. Mais cette foi n'est pas éternelle ; suivant les caractères et les circonstances, elle dure plus ou moins longtemps. Revenus à une appréciation plus vraie des difficultés de la vie sociale, les militants de l'une quelconque de ces théories en reconnaissent l'insuffisance et le danger. Leur désillusion est d'autant plus grande que leur croyance était plus vive : et ils viennent presque toujours grossir le nombre de la grande armée des indifférents, qui se contentent de leur vie quotidienne égoïste et qui représentent autant de forces perdues pour l'émancipation sociale.

Toutes ces formes de croyances irraisonnées

sont les vestiges de vieilles habitudes mystiques ; elles ne sont pas dignes d'un prolétariat qui veut être conscient. La classe ouvrière doit comprendre — et elle comprend déjà dans certains milieux — que son effort d'émancipation ne peut s'appliquer utilement que dans le présent. Les formes sociales de l'avenir, quelque intéressante qu'en soit la recherche, doivent délibérément rester au second plan de ses préoccupations ; il ne faut y consacrer un peu de temps que comme stimulant dans les instants de fatigue et de découragement ; mais elles doivent rester dans le domaine de l'idéal. Toutes les forces et toute l'ardeur du prolétariat, au contraire, doivent avoir pour objet unique la réalisation des conditions reconnues par tous nécessaires dans le présent au progrès du mouvement socialiste. Nous savons ce que vaut l'organisation syndicale largement conçue et appliquée à tous les domaines de la vie ouvrière ; ses effets sont déjà appréciables aujourd'hui et son importance dans l'avenir est facile à saisir ; nous savons qu'il importe absolument de détacher l'armée de la bourgeoisie et que c'est la condition nécessaire de toute révolution ; nous savons encore que la coopération économique est le moyen unique dont dispose la classe ouvrière pour se créer des réserves financières et pour préparer des organisations communistes de production et d'échange,

En consacrant donc son activité raisonnée et persistante à ces divers points du programme

socialiste, le prolétariat contemporain fera
œuvre solide et durable ; il établira lentement,
mais sûrement, la base nécessaire à toute action
émancipatrice de l'avenir.

socialiste, le prolétariat contemporain fera
œuvre solide et durable ; il établira lentement,
mais sûrement, la base nécessaire à toute action
émancipatrice de l'avenir.

TABLE DES MATIÈRES

Ce volume a été composé et tiré par des ouvriers syndiqués.

PITHIVIERS. — IMP. L. GAUTHIER

BIBLIOTHÈQUE SOCIALISTE

La **Bibliothèque socialiste**, dont la *Société Nouvelle de librairie et d'édition* a entrepris la publication, comprend des œuvres de propagande et de doctrine, des études historiques et biographiques, des réimpressions et des traductions d'ouvrages socialistes importants, etc.

La **Bibliothèque socialiste** forme une série de volumes in-16 d'un format commode et d'une impression soignée.

La **Bibliothèque socialiste** *paraît par numéros de cent pages,* les œuvres étendues comprenant, s'il y a lieu, deux ou trois numéros (200 ou 300 pages).

Prix du numéro 0 fr. 80. Franco à domicile 0 fr. 60. Le numéro double 1 fr. ; franco 1 fr. 20. Le numéro triple 1 fr. 50 ; franco 1 fr. 80.

POUR PARAITRE PROCHAINEMENT :

F. FAGNOT

LE CHOMAGE